AK Trivia

해적의 세계사

모모이 지로 | 지음   김효진 | 옮김

AK TRIVIA BOOK

머리말

해적은 '인류 공통의 적'이라 불린다.

확실히 해적은 바다에서 배를 습격하고, 연안 마을을 약탈하며, 사람들의 목숨을 빼앗고, 납치하며, 부를 빼앗는 존재이다.

하지만 생각해보면, 세상에는 해적을 주인공으로 심지어 해적을 영웅으로 그린 소설과 만화와 영화가 넘쳐난다. 그런 작품 속에서 해적은 많은 이들에게 사랑받는 친근한 존재이다. 이유가 무엇일까. 그 해답은 해적의 역사에 있다.

역사적으로, 해적이 늘 인류 공통의 적이었던 것은 아니다. 악당은커녕 영웅적 존재로 추앙받던 시대도 있었다. 그런 역사가 오늘날 해적의 이미지를 만든 것이다.

이 책에서는 고대부터 현대까지, 해적의 변천사를 더듬어본다.

에게 해를 지배한 고대 그리스의 해적, 알렉산드로스 대왕에 맞선 해적, 고대 로마를 위협한 해적, 카이사르를 향한 복수에 평생을 건 해적, 파괴자라 불리던 해적, 북유럽에서 나타난 해적, 무슬림 해적, 십자군 기사단 출신의 해적, 오스만 제국의 대제독이 된 해적, 신대륙의 부를 노린 해적, 영국 여왕으로부터 기사 작위를 받은 해적, 시류에 휩쓸려 교수형을 당한 해적, 해적을 배신한 해적, 전설로 남은 카리브의 해적, 지중해 최후의 해적 등이 등장한다.

이 책에서는 그런 해적들의 모습을 그리는 동시에, 각각의 시대에 그들이 어떤 존재로 여겨졌는지에 대해서도 살펴보고자 한다. 그 과정에서 현대의 소말리아 해적과 같은 범죄자로서의 해적과는 다른 면모를 발견할 수 있을 것이다.

또한 시대가 규정지은 해적상뿐 아니라 반대로 해적이 당대 역사에 어떤 영향을 미쳤는지, 해적의 존재를 통해 세계사의 이면을 재해석해보고자 한다.

즉, 이 책의 목적은 다양한 시대를 살아간 해적들과 그들을 바라보는 사람들의 시선 그리고 그들의 존재가 세계사를 어떻게 움직였는지를 살펴보는 것이다.

이 책에서 등장하는 해적들은 주로 지중해, 대서양, 카리브 해, 인도양에서 활동했던 해적으로 일본을 포함한 동아시아의 해적에 대해서는 다루지 않으며 세계사의 전개 역시 서양사가 중심이 된 점은 미리 양해를 구한다.

그럼 이제부터 역사상 등장한 해적에 대해 살펴보자.

영웅으로서의 해적, 약탈자로서의 해적, 정복자로서의 해적, 신앙을 따르고, 복수에 일생을 걸었던 해적, 야심가로, 모험가로, 사업가로, 자유인으로서의 해적 등 여러 시대에 걸친 다양한 해적들에 주목하며 고대부터 현대까지 세계사의 발자취를 더듬어보자.

목차

머리말   3

제1장 해적의 시작   7

역사의 아버지 헤로도토스 / 고대 그리스의 해적왕 / 그리스 신화의 해적 / 크레타의 해상 지배 / 대왕과 해적 / 카르타고와 로마 / 킬리키아 해적과 카이사르 / 폼페이우스의 해적 진압 / 로마 최후의 해적 / 키케로의 해적론 / 아우구스티누스와 중세의 시작

제2장 해적의 부흥   43

고대의 종언 / 반달족 게이세리쿠스 왕 / 반달족의 해적 행위 / 본 곶 해전 / 이슬람의 탄생 / 이슬람 세계의 확장 / 트리폴리의 레오 / 생트로페의 무슬림 해적 / 바이킹의 진출 / 노르망디 공국 / 시칠리아 왕국의 탄생 / 유럽의 반격 / 레콘키스타 개시 / 십자군 원정 호소 / 십자군과 살라딘 / 십자군의 종언과 기사수도회 / 이분법의 시대

제3장 두 제국   83

제국의 탄생 / 레콘키스타와 해적 / 스페인의 반격 / 레스보스 섬의 형제 / 대형 갤리선 나포 / 베자이아 공략 실패 / 알제 왕 우르지 / 우르지의 최후 / 알제 총독 하이르 앗 딘 / 튀니스 공략 / 제노바 제독 안드레아 도리아 / 카를 5세의 튀니스 원정 / 프레베자 해전 / 카를 5세의 알제 원정 / 오스만·프랑스 동맹 / 오스만·프랑스 합동작전 / 몰타 포위전 / 레판토 해전 / 세르반테스 『돈키호테』

제4장 해적의 황금기　137

신대륙 발견 / 콜럼버스의 운명 / 스페인의 약탈 / 라스 카사스의 고발 / 부의 쟁탈
전 / 호킨스의 밀무역 / 산 후안 데 울루아의 복수 / 드레이크의 세계 일주 / 무적
함대와의 대결 / 카리브의 해적 버커니어 / 모건의 약탈 행위 / 파나마 원정 / 자메
이카 부총독 취임 / 키드의 활약 / 사략에서 해적으로 / 베스트팔렌 체제 성립 / 해
양 논쟁 / 로저스의 세계 일주 / 해적 공화국 / 검은 수염 티치 / 두 명의 여성 해적
/ 카리브 최후의 해적

제5장 해적의 종언　207

레판토 해전 후의 혼란 / 평화 관계 구축 / 아메리카 합중국 건국 / 애덤스·제퍼슨
논쟁 / 평화조약 체결 / 트리폴리와의 대립 / 트리폴리 전쟁의 결말 / 아메리카의
신외교 / 시드니 스미스의 고발 / 엑스머스 경의 원정 / 해적 근절 결의 / 유럽의
통고 / 알제의 반론 / 튀니스의 반론 / 1830년의 해결

제6장 현대와 해적　255

소말리아 해적의 출현 / 국제법상의 해적 / 근대 국제질서의 형성 / 해적과 테러리
즘 / 해적의 양면성

후기　266
참고 문헌　268

제1장
해적의 시작

역사의 아버지 헤로도토스

기원전 5세기, 에게 해에 면한 이오니아 지방의 할리카르나소스 (지금의 보드룸)에서 훗날 '역사의 아버지'라 불리게 된 헤로도토스 (BC 484년~425년경)가 태어났다.

당시 그리스 세계는 페르시아 전쟁(BC 492년~449년)으로 혼란한 상황이었다. 페르시아 전쟁은 동방의 대제국 아케메네스 왕조 페르시아가 그리스 세계를 침략하면서 일어났다. 폴리스라고 불리는 도시국가로 이루어진 그리스 연합이 페르시아 제국의 공세를 겨우 막아내긴 했지만 그리스로서는 사회의 근간을 뒤흔든 엄청난 사건이었다.

그리스와 페르시아라는 양대 세력 사이에 낀 이오니아 지방에서 태어난 헤로도토스는 두 세계가 대립하게 된 기원을 거슬러 올라가 페르시아 전쟁의 원인을 찾는다. 그 결실이 총 9권에 달하는 저서 『역사Historia』이다.

헤로도토스는 다음과 같이 쓰고 있다.

이 책은 할리카르나소스 출신의 헤로도토스가 인간들의 행적이 시간이 지나면서 망각되고, 그리스인과 이방인들의 위대하고도 놀라운 업적들—무엇보다 그들이 서로 전쟁을 하게 된 원인—을 세상 사람들이 알지 못하게 될 것을 우려해 직접 연구조사한 바를 서술한 것이다.

(헤로도토스 『역사』 중에서)

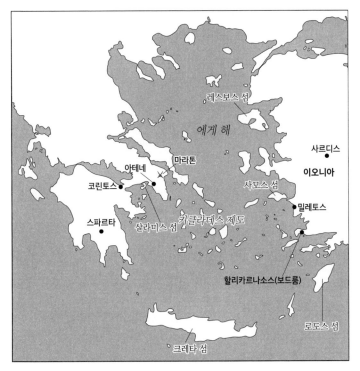

그림 1-1 그리스, 에게 해 지도

그리스어 히스토리아에는 탐구라는 의미가 담겨 있다고 한다. 헤로도토스의 위대한 점은 그 탐구가 실로 철저했다는 것이다.

헤로도토스는 평생에 걸쳐 그리스와 이집트 등의 지중해 세계를 널리 여행하며, 각지에서 다양한 일화와 이야기를 수집했다. 헤로도토스의 『역사』에는 마라톤 전쟁, 살라미스 해전과 같은 페르시아 전쟁의 모든 장면이 생생히 그려져 있을 뿐 아니라 그가 여러 지역에서 직접 들은 수많은 일화가 가득하다. 헤로도토스의 시대로부터 약 2,500년 후의 시대에 살고 있는 우리는 『역사』의 기술을 통해 당시 사람들의 생활상과 사고방식 등에 대해 다양하게 생각해볼 수 있는 것이다.

그런 일화 중 하나로, 사모스 섬의 지배자 폴리크라테스의 이야기가 있다. 그리고 이 폴리크라테스야말로 고대 그리스의 해적왕이라고 할 수 있는 인물이다. 헤로도토스가 폴리크라테스를 '해적'이라고 부른 것은 아니지만 해상에서 닥치는 대로 배를 습격하고 연안 마을을 약탈하는 행태는 현대인들이 보기에 틀림없는 해적이다.

헤로도토스를 '역사의 아버지' 이른바 역사의 시조라고 한다면그 '역사'가 시작되던 순간에 '해적의 역사'도 시작되었다고 할 수 있다.

과연, 고대 그리스의 해적왕 폴리크라테스는 어떤 인물이었을까? 헤로도토스의 기술을 통해 살펴보자.

고대 그리스의 해적왕

기원전 6세기, 폴리크라테스는 에게 해 남동부의 사모스 섬에서 태어났다. 사모스 섬은 교역의 거점으로서 경제적 번영을 누리는 동시에 최고신 제우스의 아내 헤라의 탄생지로서 종교·문화적으로도 번성한 섬이었다. 헤로도토스가 태어난 할리카르나소스와는 바다를 사이에 두고 약 100킬로미터 거리에 있었으며, 청년 시절 헤로도토스도 사모스 섬에 살았다고 한다.

기원전 538년, 폴리크라테스는 반란을 일으켜 권력을 장악하고 사모스 섬의 지배자가 되었다. 하지만 폴리크라테스의 야망은 사모스 섬을 장악하는 데 그치지 않았다. 더 큰 세력을 손에 넣기 위해 갤리선단을 꾸려 에게 해로 진출한다.

헤로도토스는 다음과 같이 썼다.

(폴리크라테스는) 사모스 섬을 차지한 후, 이집트 왕 아마시스와 우호 관계를 맺고 서로 선물을 주고받았다. 단기간에 빠르게 커진 폴리크라테스의 세력은 이오니아를 비롯한 다른 그리스 땅에서도 화제가 되었다. 그가 진격하는 곳마다 승승장구했기 때문이다. 폴리크라테스는 요선 100척, 궁수 1,000명을 거느리고 닥치는 대로 약탈을 일삼았다. 그는 친구라 해도 아예 빼앗지 않는 것보다 빼앗았다 돌려주면 더 고마워할 것이라고 당당히 말했다. 그는 다수의 섬과 대륙에 있는 상당수의 도시들을 점령했다.

(헤로도토스『역사』중에서,
괄호 안의 내용은 저자의 보충, 이하 동일)

요선(갤리선) 100척, 궁수 1,000명을 거느린 폴리크라테스의 갤리선단은 주변 해역을 지배하고 에게 해의 섬들과 이오니아 연안의 도시국가를 잇달아 정복했다. 닥치는 대로 약탈을 일삼았던 폴리크라테스의 행동은 분명한 해적 행위였다. '친구라 해도 아예 빼앗지 않는 것보다 빼앗았다 돌려주면 더 고마워할 것'이라는 폴리크라테스의 말은 그야말로 해적이 할 법한 대사이다.

한편, 수학자로 유명한 피타고라스도 같은 시대에 사모스 섬에서 태어났다. 청년 시절 이집트에서 공부한 피타고라스는 폴리크라테스가 이집트의 아마시스 왕에게 쓴 소개장을 지참했었다고 한다. 하지만 피타고라스는 폴리크라테스의 독재를 피해 남이탈리아로 거처를 옮겼다. 그리고 그곳에서 피타고라스의 정리와 같은 기하학적 발견과 학설을 내놓았다.

에게 해의 여러 지역에서 약탈 행위를 일삼으며 세력을 넓힌 폴리크라테스의 방약무인한 행동에 적의를 품는 이들도 나타났다. 페르시아 제국의 영향력하에 있던 도시 사르디스의 총독 오로이테스도 그중 한 명이었다.

오로이테스는 폴리크라테스의 지배 아래 들어가고 싶다는 말로 교묘하게 접근해 그를 사르디스로 꾀어낸다. 경계심 없이 소수의 병사만 데리고 사르디스를 찾은 폴리크라테스는 오로이테스의 덫에 걸려 죽임을 당한다. 책형에 처해진 폴리크라테스의 시체는 쏟아지는 비와 뜨거운 햇빛 아래 여러 날 동안 방치되었다고 한다.

흥미로운 것은, 폴리크라테스에 대한 헤로도토스의 평가이다. 헤로도토스는 폴리크라테스의 해적 행위를 나무라기는커녕 '해상

그림 1-2 폴리크라테스의 책형(살바토르 로사, 1662년) (메트로폴리탄 미술관)

제패를 시도한 최초의 그리스인'으로서 '고매한 의지'를 지녔으며 '그리스의 독재자 중, 폴리크라테스의 장대한 기상을 따를 자가 없다'며 상찬을 아끼지 않았다. 폴리크라테스의 죽음에 대해서도 '(인물에) 걸맞지 않은 무참한 최후'였다고 표현했다.

폴리크라테스의 해적 행위에 대해 관용에 가까운 헤로도토스의 시선은 훗날 고대 로마의 철학자 키케로가 '해적은 인류 공통의 적'이라고 단언한 태도와는 큰 차이를 보인다.

그리스 신화의 해적

고대 그리스에서 해적 행위를 한 것은 폴리크라테스 한 사람만이 아니었다. 헤로도토스의 『역사』보다 앞선 그리스 신화에 등장하는 영웅들이 해적이 되어 약탈을 일삼았다.

예컨대, 호메로스가 쓴 『일리아스』에 등장하는 영웅 아킬레우스는 '내가 배를 이끌고 공격한 도시는 열두 곳에 이른다 / ……그 도시에서 빼앗은 엄청난 보물을 / 전부 아트레우스의 아들 아가멤논에게 / 주었다'며 자신의 약탈 행위를 자랑스럽게 이야기한다.

또한 호메로스의 『오딧세이』에서는 영웅 오디세우스가 '(키코네스족 나라에 도착해) 나는 도시를 공격해 시민들을 소탕한 후 / 시내에서 부녀자와 엄청난 재물 따위를 빼앗아 동료들과 / 나누었다'며 해적 행위를 당연한 것처럼 이야기한다.

실제 그리스 신화에는 아버지 신 제우스를 비롯한 신들의 다양한 약탈 행위가 묘사되어 있다. 제우스가 각지에서 여성을 납치하는 일화는 여러 번 되풀이해서 등장한다. 그리고 그런 약탈 행위는 부끄러운 행동이 아니라 오히려 신들의 절대적인 힘을 보여주는 일화로 그려진다. 즉, 힘의 행사는 신들의 절대성을 보여주는 표현인 것이다.

그렇다면 아킬레우스나 오디세우스와 같은 영웅의 해적 행위를 그리는 방식도 설명이 된다. 영웅들은 신의 총애를 받고 힘을 얻었기 때문에 남다른 능력을 발휘한다. 그런 의미에서 해적 행위는

그림 1-3 (수소로 변신한 제우스의) 에우로페의 납치
(티치아노 베첼리오, 1562년) (이사벨라 스튜어드 가드너 박물관 소장)

신과 가깝다는 것을 보여주는 증거인 셈이다.

즉, 힘으로 상대를 억압해 빼앗는 것은 힘을 가진 자(=신과 가까운 자)만이 할 수 있는 행위로 영웅들에게는 오히려 자랑스러운 행동이다. 앞서 본 폴리크라테스에 대한 헤로도토스의 평가도 그런 해적관이 계승된 것이라고 볼 수 있다.

크레타의 해상 지배

기원전 2000년경에 번성한 크레타 문명은 왕을 뜻하는 미노스라는 명칭에서 미노아 문명이라고도 불린다. 전승에 따르면, 에게해에서 처음 해군을 조직한 사람은 크레타의 왕이었다고 한다.

헤로도토스와 어깨를 나란히 하는 고대 그리스의 역사가 투키디데스는『펠로폰네소스 전쟁사』에서 다음과 같이 썼다.

> 전해오는 이야기에 따르면, 최초로 해군을 조직한 사람은 미노스라고 한다. 그는 현재 그리스에 속하는 바다의 대부분을 제패하고 키클라데스 제도의 지배자가 되었다. ……그는 자신의 세력이 미치는 해역에서 해적을 내쫓고 세수를 확대하고자 애썼다.
>
> 옛날에는 그리스인과 대륙의 연안 도시와 섬에 살던 이민족들이 배로 바다를 건너 자주 왕래하기 시작하면서 해적질을 생업으로 삼았기 때문이다. 무리의 우두머리를 지휘자로 삼아 개인의 이익을 챙기고 가족을 부양하기 위해, 성벽도 없이 촌락처럼 곳곳에 흩어져 있는 폴리스를 습격해 재물을 약탈했다. 그들은 자신들의 소행에 부끄러움은커녕 명성을 드높일 방법이라 믿고 해적질을 주된 생계 수단으로 삼았다.
>
> (투키디데스『펠로폰네소스 전쟁사』중에서)

투키디데스에 따르면, 크레타의 왕이 세계 최초의 해군을 조직해 주변 해역에서 해적을 소탕하였으며, 그 결과, 세수를 확대하기 위한 방도로 해상 무역이 번성했다는 것이다.

크레타 문명 시대에는 이집트와 남이탈리아 등지에서 폭넓은 지중해 무역이 이루어졌다는 고고학적 조사가 있다. 해상 무역의 번

그림 1-4 기원전 6세기경 아테네에서 만들어진 컵
(갤리선의 해적이 상선을 습격하는 장면이 그려져 있다) (대영 박물관)

영은 지중해에서의 해적 진압과 항로의 안전이 바탕이 되었다고 볼 수 있다.

하지만 이 '미노아의 평화'도 그리 오래가지 못했다. 북방 민족 아카이아인의 침입 등으로 크레타 문명이 붕괴하고 에게 해의 질서가 무너지자 또 다시 해적이 출몰했다. 앞서 살펴본 그리스 신화와 헤로도토스의 『역사』에 묘사된 폴리크라테스의 시대는 이런 해적의 시대였다.

이처럼 강력한 해양 질서가 형성되면 해적은 쇠퇴하고, 해양 질서가 붕괴하면 해적이 대두하는 양상은 이후의 역사에서도 반복된다.

그림 1-5 알렉산드로스 대왕의 모자이크화(나폴리 국립고고학 박물관)

대왕과 해적

기원전 4세기, 마케도니아의 왕 알렉산드로스(재위 BC 336년~BC 323년)는 그리스 군을 이끌고 다리우스 3세(재위 BC 336년~BC 330년)가 다스리는 아케메네스 왕조 페르시아의 영토를 침략한다. 그리고 마침내 동방의 대제국 페르시아를 멸망시킨다. 알렉산드로스 대왕이 정복한 영토는 그리스부터 지중해 연안의 시리아, 이집트, 동방의 페르시아, 중앙아시아, 인더스 강 유역에까지 이른다.

당시 그리스인들이 인식하던 세계는 지리적으로는 동쪽의 인도, 서쪽의 지브롤터 해협까지였으며 세계의 문명은 그리스 세계와 페르시아 세계뿐이라고 여겼다. 즉, 동방 원정으로 페르시아 제국을 멸망시킨 알렉산드로스 대왕은 인류 역사상 최초로 '세계'를 통일하고 '세계 제국'을 세운 인물이라고 생각한 것이다.

그런 위업을 달성한 알렉산드로스 대왕의 일화 중 '대왕과 해적'이라는 유명한 이야기가 있다. 알렉산드로스 대왕이 동방 원정 중에 지중해와 흑해에서 해적을 진압하고 붙잡은 한 해적과 주고받은 이야기가 전해진 것이다.

세계사에 이름을 남긴 위대한 알렉산드로스 대왕과 이름 없는 해적이라는 이상한 조합의 대화는 고대 로마의 철학자 키케로의 저서에서 언급되었을 뿐 아니라 훗날 그리스도교 신학자 성 아우구스티누스가 그의 저작 『신국론』에서 인용하기도 했다.

알렉산드로스 대왕과 해적의 대화에 대한, 아우구스티누스의 기술을 살펴보자.

> (붙잡힌 해적이 알렉산드로스 대왕 앞에 끌려왔다) 대왕이 해적에게 '어찌하여 바다를 어지럽히는가'라고 묻자 해적은 겁먹은 기색도 없이 대답했다. '폐하가 전 세계를 어지럽히는 것과 다르지 않습니다. 단지 나는 작은 배 한 척으로 그런 일을 하는 까닭에 도적이라 불리고 폐하는 대함대를 거느리고 그런 일을 하는 까닭에 황제라 불리는 것뿐입니다.'
>
> (아우구스티누스 『신국론』 중에서)

붙잡힌 해적은 겁도 없이 알렉산드로스 대왕 앞에서 자신과 대왕이 하는 일이 본질적으로는 같으며 한 쪽은 대함대를 거느렸기 때문에 황제라 불리고 다른 한 쪽은 작은 배 한 척으로 하고 있으

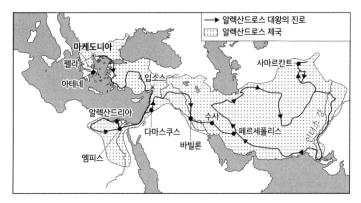

그림 1-6 알렉산드로스 대왕의 동방 원정

니 해적이라 불릴 뿐이라고 말한 것이다.

이 이야기는 단지 역사상 전해지는 일화를 넘어 보편적인 정치학의 주제로서 힘과 정의의 문제를 제기한다. 과연 대왕과 해적의 행위에 어떤 차이가 있는지 묻고 있는 것이다. 그렇기 때문에 이 짧은 일화는 키케로나 아우구스티누스와 같이 다양한 시대의 사람들을 자극하고 거듭해서 거론되어왔다.

현대에도 언어학자이자 정치평론가인 노암 촘스키가 미국 외교에 관한 평론집『해적과 제왕』에서 이 이야기를 인용했다. 촘스키는 초강대국 미국의 외교와 국제 테러리즘의 관계를 대왕과 해적의 관계에 비유했다. 대왕과 해적의 관계와 마찬가지로, 미국의 패권적 외교와 국제 테러리즘에는 폭력성이라는 공통항이 존재하며 그런 의미에서 양측이 동등하다는 것을 시사하는 것이다. 물론, 촘스키의 목적은 테러리즘의 옹호가 아닌 초강대국 미국의 패권 외교라는 국제 정치에 내재된 폭력성을 가시화하는 것이다.

오늘날 테러 문제를 이야기할 때 해적의 역사를 인용하는 것은 촘스키만이 아니다. 역사상의 해적과 현대의 테러리즘을 동일시하는 사고가 무엇을 의미하는지에 대해서는 나중에 생각해보기로 하고 다시 고대의 해적 이야기로 돌아가자.

카르타고와 로마

고대 페니키아인은 기원전 1200년경부터 동지중해 연안의 레바논 주변에서 고도의 문명을 이룩했다. 풍부한 목재 자원을 이용해 조선 기술을 발달시킨 페니키아인은 배를 이용해 지중해 무역에 나서면서 각지에 기항지를 개척했다. 그중 하나가 북아프리카의 카르타고였다.

전승에 따르면, 기원전 814년 왕조 내부의 다툼으로 본국에서 추방된 페니키아의 왕녀가 지금의 튀니지 북부 카르타고에 정착한 이래 카르타고는 페니키아인의 식민 도시로 발전했다고 한다.

그 후, 카르타고는 본국에서 독립해 서지중해 연안에 기항지를 구축하며 활발한 교역 활동을 전개했다. 주된 교역품은 주석, 납, 구리와 같은 금속류, 밀 등의 식료품, 직물이나 상아 세공품 등의 사치품이었다고 한다. 동지중해, 서지중해, 아프리카라는 세 개의 문화권이 교차하는 지점에 자리 잡은 카르타고는 각지에서 모인

생산품 교역을 통해 발전했다.

그 무렵, 지중해 북부 연안에서는 후에 카르타고의 맞수가 되는 도시국가 로마가 탄생했다. 전설의 왕 로물루스가 로마를 세운 시기는 기원전 753년이었다고 전해진다. 기원전 509년에는 에트루리아인 왕을 추방하고 공화정 로마가 탄생했으며, 기원전 3세기 전반에는 이탈리아 반도 전역을 지배하기에 이른다.

훗날 세 차례의 전쟁을 치르게 될 카르타고와 로마가 처음부터 대립한 것은 아니다. 오히려 서지중해에 진출한 그리스 세력에 대항하기 위해 기원전 6세기부터 4세기에 걸쳐 동맹을 맺었다. 당시만 해도 서지중해에서 활발한 교역을 하던 해상국가 카르타고와 이탈리아 반도로 지배권을 넓히던 도시국가 로마 사이에 조화가 유지되고 있었던 것이다.

하지만 기원전 264년 결국 두 나라는 충돌한다. 제1차 포에니 전쟁이라고 불리는 이 전쟁은 두 나라 사이에 있는 시칠리아 섬에서의 분쟁이 원인이었다. 시칠리아 섬에서 시작된 카르타고와 로마의 충돌은 지중해의 패권을 건 전면 전쟁으로 전개된다.

로마군은 시칠리아 섬 남부로 진군해 모든 도시를 점령했지만 바다에서는 해양 국가 카르타고가 우세였다. 기동력이 뛰어난 갤리선단의 활약으로 카르타고의 함대는 로마 함대를 격파했다.

갤리선은 노를 저어 추진력을 얻는 배이다. 고대 그리스 시대에는 속력을 높이기 위해 노 젓는 군사를 3단으로 배치하는 3단 노선이 개발되었다. 노를 젓는 군사는 대개 노예나 죄인 혹은 외국

그림 1-7 갤리선의 모자이크 화(튀니스 · 바르도 국립박물관)

인 포로 등으로 가혹한 노동에 시달렸다.

　고대의 해전은 뱃머리에 램Ram이라고 불리는 충각을 단 갤리선으로 적의 배를 들이받는 전법이 주로 쓰였기 때문에 방향 전환이 빠른 소형 갤리선이 전투의 주력이었다. 지중해에서는 16세기의 레판토 해전 때까지도 이 갤리선 전투가 계속되었다.

　기동력이 뛰어난 카르타고 함대로 인해 해상 수송로가 끊기면서 궁지에 빠진 로마는 미숙한 조종기술을 보완하기 위해 적선에 올라탈 다리가 될 코르부스Corvus라는 장치를 개발한다. 해전을 지상전과 같은 백병전으로 몰고 갈 전술을 택한 것이다.

　다수의 갤리선을 새로 만든 로마는 기원전 241년 아에가테스 제도 해전에서 카르타고 함대를 격파한다. 해전에 패한 카르타고는 항복을 선언했다. 카르타고는 로마에 시칠리아, 코르시카, 사르데

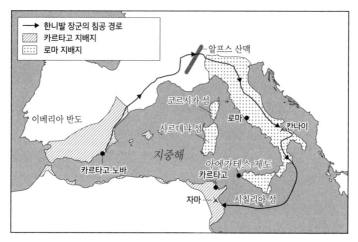

그림 1-8 카르타고와 로마의 세력도(제2차 포에니 전쟁 당시)

냐 섬을 할양하고 거액의 배상금을 지불하게 되었다. 제1차 포에
니 전쟁에 승리한 로마는 마침내 해외 진출에 성공하고 지중해 제
국 로마를 향한 행보를 시작했다.

카르타고는 반격을 준비했다. 제1차 포에니 전쟁에서 활약한 하
밀카르 바르카스 장군은 이베리아 반도를 건너 새로운 식민도시
를 건설하고 로마를 쓰러뜨리기 위해 군을 양성했다. 하밀카르 장
군이 세상을 떠난 후에는 아들 한니발이 그의 유지를 계승했다.

기원전 218년, 만반의 준비를 마친 한니발은 로마를 상대로 전
쟁을 개시했다. 한니발은 깜짝 놀랄 만한 작전을 세웠다. 군을 이
끌고 알프스 산맥을 넘어 육로를 통해 로마로 향한 것이다.

그림 1-9 한니발 장군(나폴리 국립 고고학박물관)

한니발의 군대는 많은 희생을 치르면서도 알프스 산맥을 넘어 이탈리아 반도를 침략했다. 그리고 기원전 216년에 벌어진 칸나이 전투에서 탁월한 전술로 로마 군을 격파했다. 그 후, 한니발은 군을 이끌고 이탈리아 반도를 누비며 각 도시에 로마에 대한 이반을 호소했다.

한편, 스키피오 장군이 이끄는 로마 군은 이탈리아 반도에 주둔한 한니발 군을 공격하는 대신 카르타고 본토를 침공했다. 본국을 직접 공격한 것은 한니발에 대한 앙갚음이었다. 한니발은 본국의 부름을 받고 이탈리아 반도에서 철수할 수밖에 없었다. 이때 이미 한니발은 카르타고의 패배를 예상했다고 한다.

그림 1-10 카르타고 상상도(왼쪽 아래가 상업항, 가운데 원형 부분이 군항, 위쪽은 비르사 언덕) (카르타고 박물관)

기원전 202년, 북아프리카의 자마 전투에서 한니발이 이끄는 카르타고 군은 로마 군에 패한 후 항복했다.

제2차 포에니 전쟁의 패배로 카르타고는 본국 이외의 모든 해외 영토를 잃었으며 군선 포기, 50년에 걸친 거액의 배상금 지불 등 로마가 요구하는 모든 조건을 받아들였다. 당시 카르타고의 항구에서는 500척 이상의 갤리선이 불탔다고 한다.

그럼에도 카르타고는 다시 일어났다. 활발한 교역 활동으로 번영을 되찾은 것이다. 50년에 걸친 배상금도 불과 십수 년 만에 모두 지불했다고 한다.

카르타고의 거듭된 부활을 목격한 로마는 '카르타고는 반드시 멸망시켜야 한다'고 외치며 기원전 149년 제3차 포에니 전쟁을 일으킨다.

로마는 압도적인 병력으로 카르타고를 포위하고 무려 17일간

그림 1-11 카르타고 항구 유적 　　　 그림 1-12 카르타고의 비르사 언덕

도시를 불태우는 등 철저하게 파괴했다. 로마 군은 살아남은 약 5
만 명의 카르타고 주민을 노예로 삼고 불탄 자리에는 풀 한 포기
자랄 수 없게 소금을 뿌렸다고 한다.

　이렇게 서지중해에서 영화를 누렸던 카르타고는 멸망하고 그 땅
은 로마의 속주屬州가 되었다.

　숙적 카르타고를 멸망시킨 로마로서는 마침내 지중해의 패권을
손에 넣었다고 생각했다. 그러나 최후의 적이 로마 앞에 버티고
서 있었다. 상대는 동지중해에 거점을 두고 활동하던 해적이었다.

킬리키아 해적과 카이사르

과거 킬리키아라고 불리던 터키 남부 연안은 천연의 양항良港을 이룬 작은 섬과 만이 많아 해적들에게는 더할 나위 없는 지리적 조건을 갖추고 있었다. 해적들은 이 킬리키아 지방을 거점으로 지중해에서 약탈 행위를 일삼았다.

로마 시대의 역사가 플루타르코스는 기원전 1세기경 킬리키아 지방의 해적에 대해 다음과 같이 썼다.

> 그들은 이제 배를 습격할 뿐 아니라 여러 섬과 연안 도시들까지 약탈했다. ……곳곳에 해적선 정박지를 두고, 감시탑과 요새를 만들었다. 해적질에 적합한 빠르고 가벼운 배와 우수한 선원을 뽑아 해적선단을 구성했다. 황금 돛대와 붉은 막을 달고 노는 은으로 장식한 해적선은 마치 자신들의 악행을 명예롭게 여기는 듯해 로마 시민들의 분노를 샀다. 또한 그들은 온 해안에서 시끌벅적한 술판을 벌이고, 로마의 장군을 납치하거나, 점령한 도시에서 몸값을 받아내는 등의 행태로 로마의 지배권을 모욕했다. 이러한 해적선의 수가 1,000척이 넘었고 그들이 점령한 도시는 400여 곳에 달했다. 신성불가침의 대상이었던 신전들마저 그들의 습격으로 파괴되었다.
>
> (플루타르코스 '폼페이우스'
> 『플루타르코스 영웅전 하권』중에서)

플루타르코스가 서술한 것처럼, 지중해를 누비며 약탈 행위를 벌인 킬리키아 해적은 400여 곳의 도시를 정복하고 로마의 배와 시민들까지 그 희생양으로 삼았다.

젊은 시절의 율리우스 카이사르(기원전 100년경~44년)도 킬리키아 해적에게 붙잡힌 일이 있었다. 줄리어스 시저라는 영어식 이름으로도 널리 알려진 로마의 영웅이다. 카이사르는 로도스 섬에서 유학을 마치고 로마로 돌아가던 중 킬리키아 해적의 습격을 받고 포로로 잡힌다.

훗날 로마의 장군으로 용맹을 떨치게 될 카이사르는 포로로 잡혀서도 순순히 해적들의 말을 듣지 않았다. 플루타르코스는 카이사르와 킬리키아 해적의 일화를 다음과 같이 전하고 있다.

그(카이사르)는 처음 해적들이 몸값으로 20달란트를 요구하자 자신의 가치를 알지 못하는 어리석은 놈들이라고 비웃으며 자청해서 돈을 50달란트로 올려주겠다고 약속했다. 그리고 부하들에게 돈을 구해 오라고 명령했다. 그동안 그는 세상에서 가장 악독하다고 소문난 킬리키아 해적들 틈에 친구 하나와 부하 둘만 데리고 남았다. 하지만 그는 오히려 해적들을 얕잡아 보고 잠을 잘 때 떠들지 말라고 명령을 내렸을 정도였다. 카이사르는 38일 동안 감시보다는 보호를 받듯 겁먹은 기색 하나 없이 함께 게임을 하거나 체육 훈련을 하기도 했다. 또 해적들을 청중으로 삼아 시를 읊거나 연설을 하고 칭찬이 없으면 무식한 야만인들

이라고 조롱하며 목을 베겠다고 으름장을 놓기도 했다. 해적들
은 재미있어 하며 한낱 천둥벌거숭이의 농담 정도로 치부했다.
(플루타르코스 '카이사르' 『플루타르코스 영웅전 하권』 중에서)

카이사르는 38일간의 포로 생활 후, 부하가 구해 온 몸값을 치르
고 풀려났지만 바로 로마로 돌아가지 않았다. 가까운 항구에서 선
단을 꾸린 카이사르는 해적들의 정박지로 가서 킬리키아 해적들
을 일망타진한다. 그리고 '목을 베겠다'는 자신의 말 그대로 해적
들을 처형했다. 이것이 플루타르코스가 남긴 청년 카이사르의 무
용담이다.

영웅전에 걸맞은 이 일화의 진위 여부는 차치한다 하더라도 당
시 지중해에서 킬리키아 해적이 암약했던 것만은 분명해 보인다.
실제, 킬리키아 해적은 로마의 체제를 뒤흔든 심각한 문제였다.

폼페이우스의 해적 진압

킬리키아 해적이 아프리카 등지의 속주에서 로마로 오는 곡물
수송선을 습격하자 로마 시민의 식량 공급에 차질이 생겼다. 식량
공급이 정체되고 시민들의 원성이 높아지면 정치적으로도 불안정
해질 우려가 있었기 때문에, 결국 로마는 철저한 해적 대책을 내놓
았다. 당대의 명장 그나이우스 폼페이우스(기원전 106년~기원전 48년)
장군이 지휘관으로 뽑혔다.

기원전 67년, 로마 원로원은 폼페이우스에게 해적 진압의 전권을 맡기고 지중해와 연안 전역에 이르는 강력한 지휘권을 위임했다. 총사령관이 된 폼페이우스는 군선 5백 척, 보병 12만, 기병 5천 명으로 이루어진 대부대를 편성했다. 독재자가 나타날 것을 우려해 권력의 집중을 피했던 로마 공화정이 한 사람에게 이처럼 거대한 권한을 맡긴 것은 이례적인 일이었다.

폼페이우스는 일시적 대책이 아닌 해적 활동의 기반 자체를 파괴하는 철저한 진압 작전을 실행했다.

먼저, 지중해 전역을 13개 해역으로 나누고 각 해역마다 부관을 임명해 해적 진압을 지시했다. 그리고 각 선단은 해상에서의 소탕 작전뿐 아니라 해적의 거점인 항구에도 대규모 공격을 감행했다.

저항하는 해적은 철저히 공격했지만 투항하면 특별 사면해주었기 때문에 많은 해적들이 싸우지 않고 폼페이우스에게 항복하고 로마 함대에 가담했다. 그 결과, 서지중해에서는 불과 40여 일 만에 해적이 자취를 감추었다.

서지중해를 제압한 폼페이우스는 함대를 이끌고 동지중해로 향했다. 당연히 최종 목표는 킬리키아 해적이었다. 폼페이우스는 저항하는 킬리키아 해적과 전면전을 벌였다. 당시 목숨을 잃은 해적이 1만 명 이상, 포로로 붙잡힌 해적만 2만 명이 넘었다고 한다.

해전이 끝난 후, 폼페이우스는 킬리키아 해적들이 다시 해적 생활로 돌아가지 않도록 내륙 지역에 땅을 나눠주고 이주시켰다. 해적들을 바다로부터 떼어놓은 것이다.

명장 폼페이우스의 잇따른 작전 성공으로 긴 세월 악명을 떨쳤던 킬리키아 해적은 소멸되었다. 불과 3개월여 만에 지중해에서 해적을 소탕하는 데 성공한 폼페이우스는 로마의 영웅으로 추앙받았다.

그 후, 폼페이우스는 다르다넬스 해협을 건너 흑해로 진격해 해적을 지원하던 폰토스 왕국을 정복했다.

폼페이우스의 활약으로 국가든 해적이든 로마에 대항하는 세력은 모두 지중해에서 자취를 감추었다. '팍스 로마나Pax Romana(로마의 평화)'가 도래한 것이다. 지중해를 '내해Mare Nostrum'로 삼은 지중해 제국 로마의 탄생이었다.

로마 최후의 해적

지중해 해적을 소탕한 폼페이우스는 원로원의 결정에 따라 군을 해산하고 로마로 돌아왔다. 그의 개선식은 전례가 없을 만큼 성대했다고 한다. 불후의 명성을 손에 넣은 듯 보였던 폼페이우스도 만년에 이르러서는 뜻밖의 운명에 휘말린다. 그 운명이란 동시대를 살았던 또 다른 영웅 카이사르와의 대립이었다.

갈리아 지방(지금의 프랑스) 원정을 지휘하던 장군 카이사르는 약 8년에 이르는 긴 전투 끝에 기원전 52년 알레시아 전투에서 승리하고 갈리아 지방을 평정했다. 카이사르는 로마의 영웅이 되었다.

하지만 로마 원로원과 대립하던 카이사르는 기원전 49년 원로원의 지시를 무시하고 루비콘 강을 건넌다. 그것은 로마 원로원과의 충돌 즉, 내전의 시작을 의미했다.

카이사르의 로마 진군으로 위기를 맞은 공화정이 기댄 것은 과거의 영웅 폼페이우스였다. 결국 폼페이우스는 원로원파의 지휘관이 되어 카이사르 군과 맞서게 된다. 하지만 기원전 48년 폼페이우스가 이끄는 원로원파는 파르살루스 전투에서 카이사르에 패하고 폼페이우스도 이집트에서 암살당하고 만다.

그 후의 역사는 널리 알려진 그대로이다. 종신 독재관이 된 카이사르는 기원전 44년 독재에 반대하는 공화파 의원들에 의해 암살당한다. 카이사르가 세상을 떠나자 부하 안토니우스와 조카 옥타비아누스의 권력 쟁투가 일어나고 내전을 제압한 옥타비아누스가 원로원으로부터 아우구스투스(숭고한 자)라는 칭호를 받아 실질적인 로마의 초대 황제(재위 BC 27년~AD 14년)가 되었다. 이로써 로마는 공화정에서 제정으로 이행했다.

그런 격동의 시대에 역사서에서 다뤄지는 일은 드물지만 마지막까지 카이사르와 옥타비아누스에 저항한 인물이 있었다. 폼페이우스 장군의 아들 섹스투스 폼페이우스이다.

폼페이우스 장군이 이집트에서 암살당한 후 이베리아 반도로 몸을 피한 섹스투스 폼페이우스는 끊임없이 카이사르에 저항했다. 그의 수하에는 과거 폼페이우스 장군이 아군으로 받아준 해적들이 있었다.

소수의 전력으로 카이사르 군에 대항하기 위해 섹스투스 폼페이

그림 1-13 섹스투스 폼페이우스의 초상이 그려진 동전

우스가 취한 작전은 해상에서 로마의 곡물 수송선을 습격하는 것이었다. 로마를 혼란에 빠뜨려 시민의 이반을 획책한 것이다. 지중해의 해적을 소탕한 로마 영웅의 아들이 해적 행위를 통해 로마에 저항한 것은 그야말로 역사의 아이러니가 아닐 수 없다.

섹스투스 폼페이우스의 작전은 일시적으로는 성공을 거두었다. 카이사르가 죽고 안토니우스와 패권을 다투던 옥타비아누스가 섹스투스 폼페이우스에게 시칠리아, 사르데냐, 코르시카 섬의 영유권을 위양하는 것을 조건으로 동맹을 요구해온 것이다.

하지만 섹스투스 폼페이우스가 계속해서 로마의 배를 공격하자 기원전 36년 옥타비아누스는 해적 토벌을 결의하고 시칠리아 연해에서 섹스투스 폼페이우스의 선단을 진압했다. 전투에 패한 섹스투스 폼페이우스는 포로로 잡혀 결국 에게 해 남동부의 밀레투스에서 처형당했다. 밀레투스는 과거 카이사르가 킬리키아 해적을 처형한 곳이자 맞은편에는 고대 그리스의 해적왕 폴리크라테스가 태어난 사모스 섬이 위치한 그야말로 고대 해적과 인연이 깊은 땅이었다.

로마 최후의 해적이라고 할 수 있는 섹스투스 폼페이우스의 죽음으로 고대 지중해에서 해적은 자취를 감추었다.

키케로의 해적론

앞서 살펴본 것처럼, 고대 세계에서는 해적에 대한 관점이 변화했다.

그리스 신화에서 해적은 신의 총애를 받아 힘을 얻은 영웅이 무력을 뽐내며 약탈 행위를 하는 모습으로 그려졌다. 헤로도토스의 『역사』에서도 그런 해적관이 계승되면서, 약탈을 일삼는 폴리크라테스를 고매한 의지를 지닌 인물이라고까지 평가했다.

하지만 로마 시대에는 전혀 다른 관점에서 해적 행위를 불법적인 악행으로 여겼다. 플루타르코스가 그린 킬리키아 해적과 헤로도토스가 그린 폴리크라테스는 큰 차이를 보인다.

또 폼페이우스, 카이사르와 동시대의 철학자 키케로(BC 106년 ~BC 43년)는 해적을 '인류 공통의 적'이라고 단언했다.

해적이 악일 수밖에 없는 이유에 대해, 키케로는 다음과 같이 설명했다.

사람이 타인의 것을 빼앗고 타인의 불이익으로 자신의 이익을 도모하는 것은 자연에 반한다. ……그것은 무엇보다 인간의

그림 1-14 키케로의 흉상(로마 · 카피톨리니 미술관)

공생과 사회를 파괴하기 때문이다. 우리가 각자의 이익을 위해 타인을 약탈하고 권리를 침해한다면, 인간의 본성에 의지한 사회는 분열할 것이다. 예컨대, 신체 기관 하나하나가 다른 기관의 건강을 저해하면서까지 각자 유리한 방향으로 움직인다면 몸 전체가 약해지고 끝내 무너질 것이다. 그와 마찬가지로, 우리 한 사람 한 사람이 타인의 편의를 가로채고 자신의 이익만 좇아 타인의 이익을 빼앗는다면 인간 사회와 공동체는 전복되고 말 것이다.

(키케로 『의무론』 중에서)

키케로는 인간의 위나 장과 같은 기관이 각자 유리한 방향으로 서로의 건강을 빼앗으면 몸 전체가 쇠약해지는 것처럼 타인의 것을 빼앗아 자신의 이익을 챙기는 해적 행위를 내버려 두면 인간 사회의 공생은 파괴될 것이라고 주장했다. 뛰어난 변론가 키케로다운 명쾌한 설명이다. 그렇기 때문에 해적을 '인류 공통의 적'으로 간주했다.

또한 키케로는 '전 인류를 보호하고 구하기 위해서는 아무리 큰 고통과 고난도 감수해야 한다'고 지적하며 적극적인 해적 진압을 촉구했다. 그리고 인류 공통의 적으로 지목한 해적에 대해서는 사회 일반에서 인정되는 '신의와 서약도 공유해서는 안 된다'고 단언했다.

당시는 로마가 지중해에서 패권을 확립해나가던 시대였다. 앞서 이야기한 것처럼 지중해에 남은 마지막 적은 해적뿐이었다. 그리고 기원전 67년 폼페이우스 장군이 지중해의 해적을 진압하면서 로마의 평화가 찾아왔다.

'해적은 인류 공통의 적'이라고 단언한 키케로의 주장은 그 배경에 로마가 세운 질서에 대한 신뢰와 그것을 위협하는 해적을 향한 적의가 내포되어 있다고 볼 수 있다.

키케로는 공화정 로마의 열렬한 지지자였다. 카이사르가 루비콘 강을 건너 로마로 진군했을 때에는 폼페이우스의 진영에 합류했다. 그 후, 카이사르의 용서로 로마로 돌아왔지만 카이사르가 암살된 후 안토니우스의 독재가 가져올 위험성을 느끼고 그를 비판하는 연설을 한 키케로는 결국 그 연설 때문에 안토니우스의 부하에게 죽임을 당한다.

키케로가 지키고자 한 것은 공화정 로마의 정신이었다. 키케로는 자신의 저서 『국가론』에서 법의 동의와 공통의 이해가 없는 집단은 국민이나 국가라고 부를 수 없다고 썼다.

국가란 권력에 의한 지배체제를 가리키는 것이 아니라 집단 내에 법의 동의와 공통의 이해가 존재해야 한다는 것이다. 키케로는 국내든 국제 질서든 단순히 힘에 의해 확립된 질서가 아닌 반드시 법의 동의에 근거한 질서가 필요하다고 생각했다.

아우구스티누스와 중세의 시작

훗날 키케로의 주장에 자극을 받고 그의 주장을 계승하며 독자적인 사상을 전개한 인물이 있다. 4세기 중엽 로마 지배하의 북아프리카에서 태어난 성聖 아우구스티누스(354년~430년)이다.

아우구스티누스는 저서 『신국론』에서 다음과 같이 말했다.

정의가 없는 왕국은 도적떼가 아니고 무엇인가. 도적떼 또한 하나의 작은 왕국이지 않은가. ……만약 악당 패거리가 어떤 지역을 침범하고 주거지로 삼고자 도시를 장악하고 사람들을 억누른다면 왕국이라는 이름을 더 쉽게 얻을 것이다. 버젓이 그 이름을 얻을 수 있는 것은 탐욕이 억제되었기 때문이 아니라 어떤 징벌도 받지 않았기 때문이다.

(아우구스티누스 『신국론』 중에서)

그림 1-15 아우구스티누스의 초상화
(필리프 드 샹파뉴, 1645년~1650년) (로스앤젤레스 카운티 미술관)

아우구스티누스는 정의가 없는 왕국은 도적떼가 지배지를 넓힌 것에 불과하며 단지 힘으로 지배한다면 왕국이나 도적떼나 다르지 않다고 지적했다.

그리고 이 문장에 이어지는 것이 앞서 인용한 대왕과 해적의 일화이다. 아우구스티누스는 대왕과 해적이 다르지 않다고 주장하는 해적의 말을 '적절하고 진실하다'고 평했다.

키케로가 힘에 의한 질서를 국가로 인정하지 않았듯 아우구스티누스도 정의가 없으면 국가든 도적떼든 대왕이든 해적이든 본질적으로 같다고 보았다.

다만, 키케로와 아우구스티누스는 국가의 정당성을 뒷받침하는 근거가 달랐다. 키케로가 로마의 법질서야말로 정의라고 생각했다면 아우구스티누스는 무엇을 정의라고 생각했을까.

4세기 후반부터 5세기 전반, 게르만 민족의 침입으로 붕괴 직전의 로마 제국 말기에 살았던 아우구스티누스로서는 키케로의 시대와 같은 팍스 로마나에 대한 신뢰가 없었다. 키케로가 신뢰했던 로마의 질서가 반드시 정의는 아니었던 것이다. 아우구스티누스가 믿은 것은 그리스도교 신앙에 바탕을 둔 신의 진리였다.

아우구스티누스는 『신국론』에서 스스로 권력을 드높이고 힘으로 지배하는 '땅의 나라'와 신의 영광을 드높이며 그리스도교의 가르침을 따르는 '신의 나라'를 구별했다. 겉보기에는 세계를 지배하는 것처럼 보이는 '땅의 나라'가 아니라 신앙으로 성립된 '신의 나라'야말로 진정한 가치를 지닌 지배자이며 승리자라고 보았다.

동시대의 문명으로 볼 때, 아우구스티누스는 붕괴해가는 로마 제국을 '땅의 나라'로 여기는 한편 그리스도교 신앙의 승리를 확신했다. 로마의 신들이 아닌 그리스도교를 믿은 것이 로마 붕괴의 원인이라고 주장하는 일부 비판에 대해서는 붕괴하는 것은 '땅의 나라'로서의 로마 제국이지 '신의 나라'로서의 그리스도교 신앙은 후퇴하기는커녕 점점 더 강고해졌다는 것이 아우구스티누스의 신념이었다.

다만, 아우구스티누스의 의도와 달리 다음 시대에 그의 사상은 다른 문맥으로 이용되었다. '땅의 나라'의 지배 권력이 '신의 나라'

를 표방하며 발전한 것이다. 즉, 유럽의 중세에는 그리스도교 신앙에 근거한 국가라는 새로운 정치 형태가 탄생하고 로마 교황, 십자군, 신성 로마제국 등 다양한 형태의 그리스도교 신앙이 정치의 중심이 되었다.

현대 미국의 정치학자 F · 파킨슨은 아우구스티누스에 대해 키케로로 대표되는 보편적 평등에 기반을 둔 스토어 철학의 국제관에서 그리스도교의 윤리적 배타성과 우월성에 기반을 둔 국제관으로 전환한 사상가로 평했다.

파킨슨은 인류 공통의 사회를 꿈꾼 키케로의 보편적 세계관과 달리 그리스도교 신앙을 판단 기준으로 삼은 이분법적인 세계관의 시작을 아우구스티누스의 사상에서 찾아냈다.

파킨슨이 지적하듯 그것은 아우구스티누스 자신의 의도라기보다 역사적 상황의 소산으로 볼 수 있다. 중세의 지중해에서는 팍스 로마나와 같은 보편적 세계상 대신 배타적이고 우월적인 의식을 지닌 세력들이 각축을 벌인다. 그리고 지중해에서는 또 다시 해적이 출몰했다.

제2장
해적의 부흥

그림 2-1 알제리 팀가드의 로마 유적
(로마는 제국 안에 교통로를 만들어 문명을 발전시켰다)

고대의 종언

지중해를 에워싸듯 유럽, 북아프리카, 서아시아에 이르는 대제국으로 성장한 로마는 트라야누스 황제(재위 98년~117년) 시대에 영토를 가장 넓게 확장했다. 로마는 건축과 토목 분야에서 높은 기술력을 자랑했으며 그 문명은 지중해 세계 각지로 퍼졌다.

다만, 로마 제국의 광대한 영토는 주변 민족과 잦은 충돌을 일으키는 원인이기도 했다. 영토 유지라는 난제를 안고 있던 로마에서는 서서히 분할 통치가 이루어지다 4세기 말에 이르러 동로마와 서로마로 분열한다.

그 무렵, 내륙 아시아에서는 기마 민족인 훈족이 서쪽으로 이동을 시작했다. 375년, 훈족은 흑해 북부에서 동고트족과 충돌했다. 훈족에게 밀려난 동고트족이 서쪽으로 향하자 게르만의 여러 민족들이 잇따라 유럽으로 이동했다. '게르만 민족의 대이동'으로 알려진 사건이다.

게르만 민족의 이동은 이미 힘을 잃은 서로마 제국에 결정타가 되었다. 4세기 말 서고트족은 서로마의 군대를 물리치고 영토를 침략했으며 476년에는 게르만계 용병대장의 반란으로 황제가 폐위되면서 서로마 제국은 멸망했다.

서로마 제국의 멸망은 지중해에서 팍스 로마나의 붕괴를 뜻했다. 또 해양 질서가 무너지면 해적이 대두한다는 고대 세계의 도식이 이번에도 들어맞았다. 또 다시 등장한 해적들이 지중해를 '내해'로 삼아 날뛰기 시작했다.

그림 2-2 게이세리쿠스의 초상이 새겨진 동전

반달족 게이세리쿠스 왕

5세기 전반, 북아프리카에 강대한 왕국을 건설하고 서지중해에 세력을 떨친 인물이 있다. 반달족의 게이세리쿠스 왕(재위 428년 ~477년)이다. 반달족도 이 시기에 대대적인 민족 이동을 하게 된 게르만계 민족 중 하나였다.

400년경 헝가리 평원에서 밀려난 반달족은 406년 라인 강을 건너 갈리아 지방으로 들어가고 3년 후인 409년에는 피레네 산맥을 넘어 이베리아 반도로 이동했다. 지금의 헝가리에서 프랑스를 거쳐 스페인에 이르는 2,000킬로미터 이상의 거리를 불과 10년 만에 이동한 것이다.

하지만 반달족의 이동은 거기서 끝나지 않았다. 429년 뒤늦게 이베리아 반도를 침입한 서고트족에 밀려난 반달족은 지브롤터 해협을 건너 북아프리카로 건너갔다. 이때 반달족의 집단은 8만 명에 달했다고 한다. 그들을 이끈 것은 428년에 즉위한 게이세리쿠스 왕이었다.

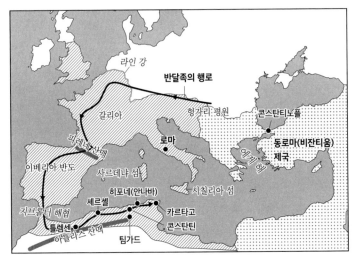

그림 2-3 반달족의 행로

　북아프리카에 상륙한 반달족은 풍요로운 정주지를 찾아 현재의
모로코에서 알제리 북부의 틀렘센, 세르셸, 콘스탄틴을 거쳐 지중
해를 따라 동쪽으로 나아갔다. 아틀라스 산맥과 지중해 사이의 이
행로도 결코 순탄치 만은 않았을 것이다.

　430년, 반달족은 지금의 알제리와 튀니지 국경 부근에 위치한
히포네(지금의 안나바)에 이르렀다. 천혜의 양항과 비옥한 토지가 있
는 히포네는 기원전 10세기경 페니키아인들이 기항지로 건설한
이후 누미디아 왕국의 마시니사 왕이 이 마을에 정착했으며 로마
의 속주가 된 후에는 카르타고에 버금가는 북아프리카 제2의 도시

그림 2-4 히포네 유적
(왼쪽 언덕은 아우구스티누스 성당)

그림 2-5 성당 앞에 세워진
아우구스티누스 동상

로 번성했다.

한편, 게이세리쿠스 왕이 이끄는 반달족이 포위한 히포네에는
노년의 성 아우구스티누스가 살고 있었다. 아우구스티누스는 395
년부터 자신의 고향 타가스테(지금의 수크아라스)와 가까운 이 도시
에서 주교를 맡고 있었다. 아우구스티누스는 반달족의 포위 속에
서 열병으로 쓰러져 76세를 일기로 생을 마감했다.

아우구스티누스로서는 파란만장한 인생 끝에 직면한 이 시련 앞
에서도 자신의 그리스도교 신앙에는 일말의 동요도 없었던 것으
로 보인다.

아우구스티누스는 만년에 완성한 저작 『신국론』에서 다음과 같
이 고결한 말을 남겼다.

같은 불을 붙여도 황금은 빛을 발하고 짚은 연기를 내듯이, 같은 도리깨로 두들겨도 보릿짚은 바스러지고 낱알은 걸러져 나온다. 또 같은 압축기로 짜도 기름과 그 찌꺼기가 섞이는 일은 없듯이 같은 시련이라도 선인에게는 그를 정화하는 시험이 되지만 악인에게는 그를 벌하고 파멸에 이르게 한다. 같은 시련을 겪어도 악인은 신을 저주하고 그 이름을 모독하지만 선인은 신께 기도하고 그 이름을 찬양한다.

(아우구스티누스 『신국론』 중에서)

아우구스티누스가 세상을 떠난 이듬해인 431년 히포네의 도시는 함락된다. 게이세리쿠스는 이 땅에 정착해 반달 왕국의 수도로 삼았다.

8년 후, 또 다시 동방 원정에 나선 게이세리쿠스는 북아프리카 최대의 도시 카르타고를 정복한다. 지중해의 요충지 카르타고로 수도를 옮긴 게이세리쿠스는 갤리선단을 편성해 지중해로 진출했다.

반달족의 해적 행위

440년 수만의 병력을 실은 게이세리쿠스 왕의 갤리선단은 시칠리아 섬 서부에 상륙해, 섬을 누비며 약탈을 일삼았다. 그리고 계속해서 시칠리아 섬, 사르데냐 섬, 남이탈리아 각지를 습격했다. 연안 도시를 습격해 재물을 빼앗고 주민을 납치하는 반달족의 행

그림 2-6 반달족의 로마 약탈(하인리히 로이테만, 19세기 후반)

태는 명백한 해적의 모습이었다.

6세기 동로마 제국의 연대기 작가 프로코피우스는 반달족이 시칠리아와 이탈리아뿐 아니라 그리스와 에게 해의 여러 섬 등의 동로마 영토를 습격하고 노략질했다고 기록했다.

프로코피우스에 따르면, 카르타고 항을 나서는 게이세리쿠스는 다음 목적지를 묻는 질문에 '신의 분노가 깃든 자가 있는 곳으로'라고 대답했다고 한다. 즉, 게이세리쿠스는 특별한 이유나 명분 없이 어디든 가는 곳마다 약탈을 자행한 것이다.

반달족의 해적 행위 중에서도 특히 유명한 사건이 로마 약탈이다. 455년 붕괴 직전의 서로마 제국의 내분을 틈타 로마를 침공한 게이세리쿠스의 반달족은 14일에 걸쳐 옛 영광의 도시 로마를 약탈했다.

로마 교황의 간청으로 건물은 파괴하지 않았지만 약탈한 재물을 가득 싣고 카르타고로 돌아가던 반달족 선박 중에는 그 무게를 이기지 못하고 침몰한 배가 있었을 정도라고 한다.

반달족의 로마 약탈이 유럽에 준 충격이 워낙 컸던 나머지 반달 혹은 반달리즘이라는 말이 문화와 예술의 파괴자 혹은 파괴 행위라는 뜻으로 정착하게 되었다. 반달족은 로마의 재물과 후세에까지 길이 남을 불명예의 낙인을 맞바꾸고 말았다.

본 곶 해전

동로마 제국은 반달족의 해적질이 자국 영토에까지 이르자 서로마에 원군을 파견한다. 468년 약 10만의 대군을 태운 동로마 함대는 사르데냐 섬에 상륙해 반달족으로부터 섬을 탈환하고 뒤이어 반달왕국의 수도 카르타고를 향해 남하했다.

게이세리쿠스 왕은 500척이 넘는 동로마 함대에 기습 공격으로 대항했다. 카르타고 상륙을 노리고 본 곶 연해에 닻을 내린 동로마 함대에 화염선 공격을 감행한 것이다.

밀집해 있던 동로마 함대는 불시의 공격에 놀라 허둥댔다. 반달족 함대는 혼란에 빠진 동로마 함대에 일제히 공격을 퍼부었다. 결국, 이 해전은 반달족의 대대적인 승리로 끝났다.

프로코피우스는 그 경위에 대해 다음과 같이 썼다.

반달은 기다리던 바람이 불어오자 이내 사람을 태우지 않은 작은 배의 돛을 올렸다. 바람을 가득 받은 배가 정박 중인 로마 함대에 가까워지자 그들은 배에 불을 붙였다. 수많은 함선이 모여 있던 로마 함대에 불길이 번졌다.

혼란에 빠진 로마 병사들은 아우성을 지르며 화염선이 가까이 오지 못하도록 밀어냈다. 바람 소리, 불길이 치솟는 소리를 지울 정도의 굉음이 울려 퍼졌다. 로마 함대는 완전한 무질서 상태에 빠져 파멸로 치닫고 있었다.

반달 함대는 그 틈을 노려 공격을 퍼부으며 잇따라 배를 침몰시켰다. 도망가는 로마 병사와 무기는 반달 군이 전리품으로 챙겼다. 로마 군 중에는 장렬히 싸워 용맹을 드러낸 자도 있었다. 한 로마 장군은 잇따라 적을 쓰러뜨렸지만 끝내 배가 장악되자 모든 무기를 바다에 빠트렸다. 목숨을 보장하겠다며 저지하는 반달족에 대해 장군은 결코 적의 수중에 떨어지지 않겠다는 말을 남기고 바다에 몸을 던졌다.

(프로코피우스 『전쟁사』 중에서)

본 곶 해전에서 패한 로마 함대는 카르타고 공략을 포기하고 철수했다.

하지만 반달 왕국도 평화롭지만은 않았다. 477년 게이세리쿠스가 세상을 떠나자 후계자 다툼과 유목민의 반란으로 반달 왕국은 급격히 쇠퇴했다. 게이세리쿠스의 손자 군타문트 왕 시대에 재차 시칠리아 원정을 시도했지만 당시 시칠리아를 지배하던 동고트족에 패했다.

한편, 서로마 제국의 멸망으로 유일한 로마가 된 비잔틴 제국 곧 동로마 제국은 새 황제 유스티니아누스 1세(재위 527년~565년) 시대에 지중해 영토 회복에 나선다. 로마 제국의 부활을 주장한 유스티니아누스 1세는 로마의 '내해'를 되찾기 위해 600척에 이르는 대규모 함대를 꾸려 서지중해 원정에 나섰다.

게이세리쿠스 왕이 죽고 세력이 약화된 반달 왕국으로서는 강대한 비잔틴 함대에 대항할 여력이 없었다. 534년 비잔틴 군과의 전쟁에 패한 반달 왕국은 카르타고를 잃고 건국으로부터 불과 100년여 만에 역사의 뒤안길로 사라졌다.

반달 왕국을 멸망시킨 비잔틴 군은 554년 이탈리아에서 동고트족을, 이베리아 반도에서 서고트족을 함락시키며 게르만 민족의 대이동 이후 잃어버렸던 이탈리아 및 이베리아 반도 일부를 탈환하면서 과거 로마 제국의 영토를 회복했다.

비잔틴 군의 원정으로 지중해에는 다시 팍스 로마나의 시대가 돌아오는 듯 보였다. 하지만 비잔틴 제국이 품었던 로마 부활의 꿈은 오래가지 못했다. 지중해에서 강력한 신흥 세력이 등장한 것이다.

이슬람의 탄생

610년 아라비아 반도의 마카(메카의 아랍명)라는 도시에서 신의 계시를 받은 선지자 무함마드가 이슬람을 설파했다. 무함마드는 부족 사회를 기반으로 하는 마카의 주민과 대립하여 622년 소수의 신도들과 함께 북동 지역의 마디나(메디나의 아랍명)로 이주한다. 그후, 마디나 주민 다수가 이슬람으로 귀의하면서 무슬림(이슬람교도) 공동체 움마가 형성되었다.

630년 마카와 전쟁에서 승리한 무함마드는 마카로 돌아왔다. 아라비아 반도의 여러 부족들도 이슬람교로 개종하거나 납세 의무를 받아들이며 이슬람 세계에 편입했다. 이렇게 아라비아 반도에 이슬람 세력이 탄생했다.

632년 무함마드가 세상을 떠나자, 오랜 신도였던 아부 바크르가 선지자의 대리인 칼리프(하리파)로 취임해 움마를 다스렸다. 제2대 칼리프 우마르의 시대에는 아랍인 중심의 무슬림 군대가 원정길에 올라 이슬람 세력을 확장했다.

636년 시리아를 침공한 무슬림 군대는 비잔틴 군을 제압하고 그 땅을 정복했으며 더 나아가 비잔틴의 영토였던 이집트를 침공해 알렉산드리아를 점령했다. 그리고 아카(지금의 아크레) 항, 알렉산드리아 항과 같은 지중해 연안의 거점항을 장악한 이슬람 세력은 마침내 지중해로 진출한다. 그 첫 번째 표적이 된 곳은 동지중해의 키프로스 섬이었다.

9세기 페르시아인 역사가 알 발라두리는 『제국 정복사』에서 무

그림 2-7 아라비아 반도와 동지중해 지도

슬림 함대의 첫 지중해 원정이었던 키프로스 공략에 대해 다음과
같이 쓰고 있다.

(시리아 총독) 무아위야는 대함대를 이끌고 '용맹하게'(시리아의)
아카를 출항했다. ……무슬림 군이 키프로스 해안에 상륙하자

마자 섬의 영주는 평화조약 '체결'을 요구하는 사절을 보냈다. 섬 주민들이 생각하기에 방법은 그것뿐이었기 때문이다. 무아위야는 그들이 매년 7,200디나르를 낸다는 조건으로 평화조약을 맺었다. 로마 '비잔틴'과도 같은 조건의 조약을 맺고 있었던 섬 주민들은 이중으로 세금을 내게 되었다. ……무슬림은 배후에서 섬 주민들을 지배하는 '로마인'과 일전을 벌이는 대신 그들에게 로마 군의 동정을 '낱낱이' 보고할 것을 명했다.

그 후, 무슬림 군은 '지중해'에서 키프로스 사람들을 공격하지 않고 무슬림 군과 키프로스는 서로의 적을 지원하지 않는 상태가 이어졌다.

그러던 32년(서기 654년) 키프로스 섬 주민이 바다로 진출한 로마 군에 가담해 그들에게 선박을 제공했다. 무아위야는 33년 500척의 함선을 이끌고 '키프로스' 원정에 나섰다. 키프로스를 무력으로 정복해 섬 주민들을 학살하고 포로로 잡아들였다. 그 후, 그들은 '이전의' 조약으로 다른 섬 주민들을 안심시켰다. 그리고 디완에 소속된 1만 2천 명의 전사를 키프로스 섬에 파견했다. 그들은 키프로스 섬에 다수의 모스크를 지었다. 또한 바알베크에서 일군을 이주시켜 군 기지를 건설했다.

(알 발라두리 『제국 정복사 1』 중에서)

무아위야의 함대는 키프로스 섬을 정복한 후 로도스 섬과 시칠리아 섬에 도달했다. 652년에는 이집트 총독 압둘라의 함대가 알렉산드리아 연해에서 비잔틴 함대를 격파하고 655년에는 무아위야와 압둘라가 협력해 터키 남안의 리키아 연해에서 500척이나 되는 비잔틴 함대를 상대로 승리를 거두었다. 과거 조함 기술이 뒤처졌던 로마가 카르타고를 상대로 펼쳤던 전술과 마찬가지로 적선에 올라탈 수 있는 장치를 한 배를 이용해 상륙전을 방불케 하는 백병전을 전개한 것이다.

이슬람 세력은 탄생한 지 불과 50년도 채 되지 않아 지중해 진출에 성공하면서 비잔틴 제국이 지배하는 지중해의 판도를 바꿔놓았다. 이후 지중해에서는 비잔틴 제국을 제치고 이슬람 세력이 부상한다.

이슬람 세계의 확장

661년 시리아를 통치하던 우마이야 가문의 무아위야는 다마스쿠스를 수도로 정하고 우마이야 왕조를 건국했다. 그리고 우마이야 왕조는 이슬람 세계의 확장을 목표로 북아프리카로 진군한다.

670년 우마이야 왕조는 튀니지 중부의 내륙지방 카이로우안에 북아프리카의 거점을 구축하고 697년에는 카르타고를 정복했다. 711년에는 이베리아 반도에 상륙해 서고트 왕국을 멸망시켰다.

북아프리카를 거쳐 이베리아 반도에 진출한 우마이야 왕조의 군대는 피레네 산맥을 넘어 프랑스를 침공하지만 732년 투르·푸아티에 전투에서 프랑크 왕국의 반격을 받아 이베리아 반도로 철수했다. 결국, 우마이야 왕조는 시리아부터 북아프리카, 이베리아

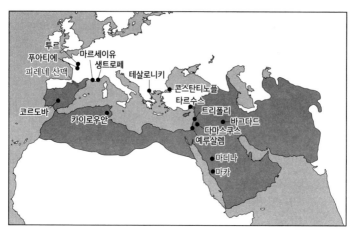

그림 2-8 우마이야 왕조의 영토(8세기 전반)

반도, 페르시아까지 지배지를 넓히며 거대한 제국으로 성장했다.

750년 아바스 가문이 중심이 된 혁명군이 우마이야 왕조를 무너뜨리고 이라크의 바그다드를 수도로 아바스 왕조를 건국한다. 하지만 이베리아 반도에서 후기 우마이야 왕조가 세워지면서 이슬람 세력의 분열이 시작되었다.

아바스 왕조 시대에는 아바스 왕조 군의 지중해 원정은 드물었지만 비정규 무슬림 집단에 의한 침략은 종종 있었다. 동지중해의 크레타 섬 정복이 그런 예였다. 크레타 정복을 주도한 것은 이베리아 반도 남부의 안달루시아 출신 무슬림 집단이었다.

815년 안달루시아의 코르도바에서 후기 우마이야 왕조의 알 하

그림 2-9 카이로우안의 대모스크

캄 1세(재위 796년~822년)에 대한 반란이 일어났다. 반란은 실패하고 반란에 가담했던 지역 주민들은 추방되었다. 그들 대부분이 이집트의 알렉산드리아에 정착했는데 그 수가 1만 5천 명에 이르렀다고 한다. 그들은 정주지를 찾아 827년 지도자 아부 하프스가 지휘하는 40여 척의 배로 크레타 섬에 상륙했다.

당시 크레타 섬은 비잔틴 제국의 영토로 소규모의 비잔틴 군대가 주둔하고 있었다. 하지만 1만이 넘는 집단이 상륙하자 비잔틴 군은 도망가고 주민들도 거의 저항이 없었다고 한다. 비잔틴 황제 미카엘 2세(재위 820년~829년)는 국내의 반란을 진압하는 데 바빠 크레타 섬에 원군을 보낼 상황이 아니었다.

크레타 섬에 상륙한 아부 하프스는 부하를 시켜 타고 온 배에 불을 지르도록 명했다. 이유를 묻는 부하에게 아부 하프스는 '나는 너희를 젖과 꿀이 흐르는 땅에 데려왔다. 이곳이 너희들의 진짜 나라이다. 이제 휴식하며 너희들이 태어난 불모의 땅은 잊어라'고 말했다고 한다.

크레타 섬에 정착한 무슬림 집단은 이 섬을 거점으로 비잔틴 제국의 영토를 약탈했다. 비잔틴 제국은 크레타 섬을 탈환하기 위해 함대를 보냈지만 번번이 실패하고 이후 150년 가까이 크레타 섬은 이슬람 세력이 지배하는 무슬림 해적의 거점이 되었다.

트리폴리의 레오

9세기 말 동지중해에는, 비잔틴 제국의 연대기 작가는 트리폴리의 레오, 무슬림의 연대기 작가는 굴람 주라파라고 부른 해적이 있었다.

레오는 터키 남동부 출신으로 부모는 그리스도교 신자였다고 전해진다. 청년 시절 무슬림 무리에 가담해 이슬람으로 귀의하고 시리아의 트리폴리에 정착하면서 트리폴리의 레오라고 불리게 되었다고 한다.

레오는 청년기 대부분을 배 위에서 보내며 다수의 원정에 참가했다. 해상 경험을 쌓은 레오는 터키 남동부의 타르수스를 거점으로 해적 두목이 되어 비잔틴 제국의 영토를 습격했다. 타르수스는 고대 로마 시대 킬리키아 해적의 본거지 중 하나였다.

존 카미니아티스라는 테살로니키의 상인이 레오의 테살로니키

그림 2-10 테살로니키 약탈(요한네스 스퀼리트제스의 연대기 세밀화, 11·12세기)

약탈에 대한 기록을 남겼다. 테살로니키는 그리스 북부에 위치하며 콘스탄티노플(지금의 이스탄불) 다음으로 번성했던 비잔틴 제국 제2의 도시였다.

카미니아티스에 따르면, 904년 레오는 1만이 넘는 병사를 태운 54척의 배를 이끌고 타르수스를 출발해 테살로니키를 향해 에게 해를 북상했다고 한다. 중간에 다른 해적들까지 합류한 레오의 선단은 에게 해에서 비잔틴 함대를 격파하고 같은 해 7월 테살로니키 만에 진입했다. 테살로니키의 도시는 공포와 충격에 휩싸인 시민들의 비탄의 목소리가 가득했다고 한다.

테살로니키를 둘러싼 강고한 성벽을 사이에 두고 레오의 군대와 비잔틴 수비대의 공방전이 시작되었다. 레오는 항구에 면한 비교적 낮은 성벽을 발견하고 배를 2척씩 연결해 갑판 위에 나무 탑을 만들어 세우고 배를 가까이 붙여 침입을 시도했다. 비잔틴 군도 필사적으로 방어했지만 수일에 걸친 공방 끝에 결국 해적들이 성벽을 넘어 침입했다. 안쪽에서 성문이 열리자 해적들이 마을로 들이닥쳤다. 그 후, 수일간 학살과 약탈이 자행되었다고 한다.

해적들은 마을에서 금품을 빼앗고 몸값을 받아낼 수 있을 만한 주민들을 포로로 끌고 갔다. 카미니아티스에 따르면, 포로로 잡힌 테살로니키 주민이 무려 2만 2천 명에 이르렀다고 한다. 카미니아티스와 그의 가족들도 해적에게 붙잡혀 재물을 내놓고 겨우 목숨은 부지했지만 포로로 끌려갔다.

카미니아티스 일가를 포함한 다수의 포로와 약탈품을 실은 레오의 선단은 비잔틴 군의 반격이 두려웠던지 수일 만에 테살로니키를 떠났다. 레오의 목적은 테살로니키 정복이 아닌 약탈이었다.

레오의 선단은 크레타 섬에 들러 약탈한 재물을 분배했다. 그후, 원정에 참가한 해적들은 각각 이집트며 시리아 등지로 돌아갔다. 레오도 9월에 타르수스로 돌아갔다. 카미니아티스 일가는 비잔틴 제국에 잡혀갔던 무슬림 포로와 교환하는 조건으로 겨우 풀려났다.

이 시대에는 지중해 곳곳에서 테살로니키와 비슷한 광경이 벌어졌을 것이다. 서지중해에서도 카이로우안에 수도를 둔 아글라브 왕조(800년~909년)가 선단을 꾸려 시칠리아 섬과 사르데냐 섬 또 남유럽의 연안 지역에서 약탈 행위를 했다.

생트로페의 무슬림 해적

무슬림 해적의 습격은 트리폴리의 레오처럼 대함단에 의한 원정만이 아니었다. 지중해 각지에서 소규모 습격이 일상적으로 되풀이되고 있었다.

한 예로, 10세기 이탈리아 크레모나 출신의 주교 리우프란트는 889년 남프랑스의 생트로페에 상륙한 무슬림 해적에 대해 다음과 같이 기록했다.

> 작은 배로 스페인을 출발한 20명 남짓한 사라센인(무슬림)들은 바람에 휩쓸려 우연히 그곳(생트로페 해안)에 도착했다. 야음을 틈타 마을에 침입한 해적들은 그리스도교도를 무참히 살해했다. 이 얼마나 참담한 일인가. 사라센인들은 그 곳을 자신들의 것이라고 외쳤다. 그들은 마을의 오른편에 있는 산을 공격에 대비한 거점으로 삼았으며 높게 뻗은 가시나무들이 수비를 강고히 하는 구실을 했다.
>
> (Liudprand of Cremona,
> *The Complete Works of Liudprand of Cremona*)

불과 스무 명 남짓한 무슬림 해적은 바람에 휩쓸려 우연히 도착한 생트로페의 마을을 습격하고 점령했다. 그들은 생트로페를 자신들의 거점으로 삼고 고향 이베리아 반도에서 100여 명의 해적 동료를 불러 들였다고 한다.

그 후, 해적들은 생트로페를 거점으로 주변 지역을 약탈했다. 그 피해는 서쪽은 마르세이유와 엑상프로방스 등의 남프랑스 지역, 동쪽으로는 알프스를 넘어 내륙의 이탈리아 북서부까지 미쳤다고 한다. 생트로페는 그 후 100년 가까이 해적 소굴이 되었다.

지중해 일대에서 무슬림 해적이 맹위를 떨칠 무렵, 유럽 북부에서는 한 해양 민족이 세력을 넓히고 있었다.

바이킹의 진출

793년 양끝이 휘어 올라간 가늘고 긴 형태의 특이한 배가 영국 북동부 린디스판 섬 연해에 나타났다. 롱십Longship이라고 불린 배에서 내린 무리는 당시 그리스도교 포교의 중심지였던 린디스판 수도원을 습격해 철저한 약탈 행위를 벌였다.

이때의 약탈 행위에 대해 『앵글로색슨 연대기』에는 '미개인들의 무도한 침입으로 홀리(린디스판) 섬의 수도원에서는 약탈과 살육의 참상이 벌어졌다'고 쓰여 있다. 이것이 영국에 남아 있는 가장 오래된 바이킹에 관한 기록이다.

그 후 150년 이상 영국, 스코틀랜드, 프랑스 등의 유럽 북부에서 바이킹의 습격이 계속되었다.

바이킹의 정체는 스칸디나비아에 사는 북방 게르만계 민족인 노르만 족과 데인 족 그리고 스웨드 족 등이다. 훗날 그들은 북방인을 뜻하는 노르만인으로 불리었다.

그림 2-11 롱십(노르웨이 바이킹 박물관)

바이킹들이 타던 롱십은 얇게 붙인 목재로 만들어져 가벼운 데다 가늘고 긴 형태로 물의 저항을 줄인 고속선이었다. 또 흘수가 얕아 하천을 거슬러 올라갈 수 있었기 때문에 바이킹의 습격은 연안 지역뿐 아니라 내륙의 여러 도시에까지 미쳤다.

한편, 바이킹의 습격에는 종교적인 배경이 있었다는 지적이 있다. 전통적인 신들을 믿었던 그들에게 유럽 습격은 그리스도교도에 대한 전쟁이기도 했다는 것이다. 훗날 유럽에 정착하면서 그리스도교로 개종하지만 당초에는 린디스판 섬의 수도원과 같은 그리스도교 시설이 주로 공격당했다.

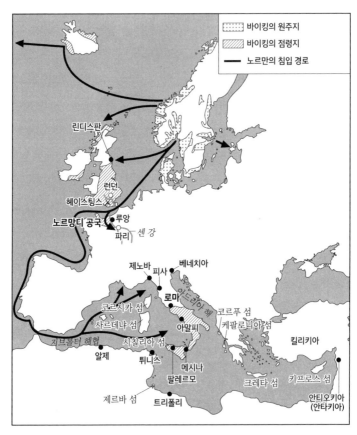

그림 2-12 바이킹 점령지와 침입 경로

노르망디 공국

9세기 덴마크의 데인족계 바이킹이 프랑스 북부를 침략했다. 당시 프랑스는 서프랑크 왕국(843년~987년)이 지배하고 있었는데 그 땅을 습격한 것이다.

885년 바이킹은 700여 척의 롱십을 타고 센 강을 거슬러 올라와 루앙을 공격했다. 거기서 그치지 않고 센 강을 따라 파리의 도시들을 1년 넘게 포위했다고 한다. 서프랑크 왕국의 카를 3세는 포위 해제의 대가로 거액을 치렀다고 한다.

그 후, 바이킹의 일부는 센 강 하류의 프랑스 북서부로 이동해 주변 지역을 계속 습격했다. 바이킹의 습격으로 골치를 썩던 카를 3세는 911년 센 강 하류 지역의 바이킹 영유권을 정식으로 인정했다. 바이킹들이 해적 행위로 나라를 얻은 것이다. 그 나라가 노르만인들의 나라, 노르망디 공국이다.

11세기에 이르러 노르망디 공국은 해협을 건너 잉글랜드를 침공한다. 노르망디 공 기욤 2세는 헤이스팅스 전투에서 잉글랜드 국왕 헤럴드 2세를 무찌르고 잉글랜드의 왕 윌리엄 1세로 등극했다. 영국 역사에서 노르만 정복Norman Conquest으로 알려진 이 사건 이후 잉글랜드에서는 노르만인 귀족이 지배층을 차지한 봉건제가 확립되면서 잉글랜드의 노르만화가 진행되었다.

한편, 노르만인이 정복한 것은 잉글랜드만이 아니었다. 그 후, 노르만인은 지브롤터 해협을 넘어 지중해로 진출했다.

시칠리아 왕국의 탄생

9세기에 이미 지중해에 모습을 드러낸 노르만인은 860년 프랑스와 이탈리아 연안부를 약탈했다는 기록이 있지만 본격적인 지중해 진출은 11세기에 들어서였다.

10세기 초반 노르망디에 영토를 얻어 정착했지만 노르만 사회에서는 장남이 토지를 상속받기 때문에 차남이나 삼남처럼 토지를 소유하지 못하는 층이 생겨났다. 그들 중에서 나라를 떠나 유럽 각지에서 용병으로 활약하는 이들이 나타났다.

특히 남이탈리아에서 많이 활동했다. 당시 남이탈리아는 도시국가와 비잔틴 제국령 등이 난립하면서 전쟁이 끊이지 않았다. 노르만인 용병 중에는 전쟁에서 큰 공을 세워 영지를 받거나 유력자가 된 이들도 나타났다. 그 전형적인 예가 오트빌 가문의 형제들이었다.

11세기 중반 오트빌 가의 형제들은 노르망디에서 남이탈리아로 건너가 용병으로 활약했다. 풀리아 백작에 봉해진 형 옹프루아에 이어 1057년 그의 작위를 이어받은 로베르는 군사적 재능을 발휘해 인근 도시를 잇달아 정복했다.

로베르는 남이탈리아를 정복하고 1061년에는 메시나를, 1072년에는 팔레르모를 공략해 시칠리아를 점령했다. 로베르가 세상을 떠나자 이번에는 그의 조카 루지에로 2세가 후계자로서 1130년 로마 교황으로부터 정식으로 시칠리아 왕위를 인정받았다. 노르만인에 의한 시칠리아 왕국이 탄생했다.

시칠리아와 남이탈리아의 지배자가 된 루지에로 2세는 함대를 정비해 북아프리카로 진출한다.

1135년 시칠리아 함대는 튀니지의 제르바 섬 정복을 시작으로 튀니스, 트리폴리 등 북아프리카의 주요 항구를 공략했다. 그 후에도 시칠리아 함대는 동지중해까지 진출해 비잔틴 영토였던 아드리아 해의 코르푸 섬과 케팔로니아 섬 등을 정복했다.

루지에로 2세가 세상을 떠난 후, 북아프리카의 영토는 무와히드 왕조(1130년~1269년)에 빼앗기지만 시칠리아 왕국의 등장은 이슬람 세력의 지중해 지배에 큰 전기를 가져왔다.

유럽의 반격

11세기부터 12세기의 유럽에서는 벨기에 출신의 역사학자 앙리 피렌느가 '상업의 부활'이라고 말한 도시와 상업의 발전이 두드러졌다. 인구 증가로 농업생산력이 높아지고 잉여생산물의 거래가 왕성해지면서 상업 도시가 발달한 것이다. 그 전형이 이탈리아의 베네치아, 제노바, 피사, 아말피 등의 해항도시였다.

이들 도시는 해상 운송의 안전을 확보하기 위해 자체적인 해적 대책을 세웠다. 단순히 해상 방어만이 아니라 해적의 근거지가 된 이슬람 지배지에 대한 원정을 포함한 대책이었다. 11세기 중반에는 피사와 제노바가 이슬람 점령지인 코르시카와 사르데냐 섬을 정복했다. 노르만인이 시칠리아 섬을 정복해 시칠리아 왕국을 세운 것도 이 시기였다.

한편, 동지중해에서는 961년 비잔틴 제국이 3,000척에 이르는 대함대를 꾸려 크레타 원정을 감행했다. 작전을 지휘한 사령관은 후에 비잔틴 황제가 된 니키포로스 2세(재위 963년~969년)였다. 니키포로스 2세는 965년 동지중해의 또 다른 요충지였던 키프로스 섬을 공략하는 한편 무슬림 해적의 근거지였던 킬리키아 지방을 제압했다.

969년 니키포로스 2세는 아바스 왕조가 지배하는 터키 남부의 안티오키아(지금의 안타키아)를 정복했다. 과거 그리스도교 신앙의 중심지였던 안티오키아 탈환은 동지중해에서의 그리스도교 세력의 부활을 상징하는 사건이었다. 이후 안티오키아는 셀주크 왕조가 재정복하지만 수년 후 이번에는 서방에서 온 무리에 다시 빼앗긴다. 그들은 성지 탈환을 목적으로 결성된 그리스도교 군대, 바로 십자군이었다.

레콘키스타 개시

그리스도교도들의 이슬람 추방 전쟁은 11세기 말의 십자군이 처음은 아니었다. 이베리아 반도에서는 8세기부터 레콘키스타Reconquista라고 하는 영토 회복운동이 시작되었다.

8세기 초 이베리아 반도에 침입한 우마이야 왕조는 서고트 왕국을 멸망시켰다. 이베리아 반도 북부로 도망친 그리스도교도는

그림 2-13 이베리아 반도 지도

718년에 아스투리아스 왕국을 세우고 이슬람의 지배에 저항했다. 영토 재정복을 뜻하는 그리스도교도들의 레콘키스타가 시작된 것이다.

이베리아 반도와 북아프리카로 세력을 넓힌 우마이야 왕조는 10세기 압드 알 아흐만 3세 시대에 최대의 권세를 자랑했지만 11세기 들어 내분으로 붕괴하고 1031년에는 20여 개의 이슬람 소국으로 분열했다.

한편 카스티야 왕국, 나바라 왕국, 아라곤 왕국 등 이베리아 반도의 그리스도교국은 서서히 세력을 넓히며 1085년에는 톨레도, 1118년에는 사라고사, 1147년에는 리스본을 정복했다.

그 후, 북아프리카의 알 무라비툰 왕조와 무와히드 왕조가 이베리아 반도에 진출하지만 1212년 그리스도교국의 연합군이 무와히드 군대를 격파하고 1236년에는 후기 우마이야 왕조의 수도로 번영했던 코르도바를, 1248년에는 세비야를 공략하는 등 남부의 도시들도 그리스도교국의 지배를 받게 되었다. 결국, 이베리아 반도의 이슬람 지배지는 나스르 왕조의 그라나다 한 곳만 남게 되고 이베리아 반도에서 밀려난 무슬림은 북아프리카로 이주했다.

이베리아 반도 북서부의 산티아고 데 콤포스텔라는 예루살렘과 로마(바티칸)에 이은 3대 성지로 유럽 내의 많은 순례자들이 모여들었다. 레콘키스타와 성지 순례에서 볼 수 있는 종교적인 열정은 동지중해에서는 십자군이라는 형태로 나타났다.

십자군 원정 호소

1095년 프랑스 중부의 도시 클레르몽에서 로마 교황 우르바누스 2세(재위 1088년~1099년)가 동방의 성지 탈환을 호소하는 선언을 했다. 우르바누스 2세가 수천 명의 청중 앞에서 한 연설의 내용은 다음과 같았다고 한다.

우리가 나서야 할 긴급한 임무가 있다. ……우리는 동방의 동포들에게 시급히 원군을 보내야 한다. 그들은 우리의 원조를 필요로 하고 또 간청하고 있다. ……그리스도교국을 잇따라 점령한 그들은 이미 다수의 전투에서 그리스도교도를 핍박했으며

그림 2-14 클레르몽 공회(장 콜롱브, 1474년)

주민들을 학살하고 납치했을 뿐 아니라 교회당을 파괴하며 신의 왕국을 어지럽히고 있다. 더 이상 그들의 행위를 용납해서는 안 된다. 그들은 더욱 대대적으로 신의 충실한 시민을 정복하려 들 것이다. ……신은 그리스도의 기수인 우리가 기사든 보병이든 부자든 빈민이든 가리지 않고 모든 계층의 남자들이 일어나 우리의 영토에서 저 불경한 민족을 뿌리째 뽑아내기를…… 거듭 권고하는 바이다.

(하시구치 도모스케『십자군』중에서)

십자군 원정을 호소한 우르바누스 2세는 '교회를 위해 이교도와 싸우다 목숨을 잃는다면, 그때는 너희의 죄를 모두 용서받게 될 것이다'라고 선언했다. 십자군에 참가하면 모든 죄를 용서받을 수 있다는 대사大赦(indulgentia) 특권까지 언급했다고 한다.

1096년 프랑스와 이탈리아에서 모인 제후와 기사 등 6만여 명의 군세가 콘스탄티노플에 집결해 예루살렘을 향해 남하했다. 중간에 에데사(지금의 우르파), 안티오키아 등의 도시를 정복하고 1099년 마침내 성도 예루살렘을 공략한다.

역사가 이븐 알 아시르는 예루살렘의 함락 모습을 다음과 같이 쓰고 있다.

> 주민들은 일주일에 걸쳐 시가지를 약탈하는 프랑크인들에게 무참히 죽임을 당했다. ……엘 악사 사원 내에서 7만 명 이상의 사람들이 목숨을 잃었는데 거기에는 다수의 이슬람교도와 이슬람 학자가 있었다. 그들은 성지에서 은둔 생활을 보내기 위해 고향을 버리고 온 신도와 고행자들이었다. 또한 프랑크인은 '바위 돔'이 텅텅 빌 정도로 막대한 전리품을 챙겨서 떠났다.
>
> (하시구치 도모스케 『십자군』 중에서)

당시 현지의 이슬람 세력은 내분 상태였다. 아바스 왕조의 칼리프로부터 술탄(군주)의 칭호를 받고 아나톨리아와 시리아를 지배하던 셀주크 왕조(1038년~1194년)와 이집트를 지배하며 독자적으로 칼리프를 추대한 파티마 왕조(909년~1171년) 사이의 대립이었다. 또 셀주크 왕조 내부의 분쟁으로 시리아와 팔레스타인 세력이 분

그림 2-15 십자군의 예루살렘 탈환(에밀 시뇰, 1847년)

열했던 것도 십자군의 침입을 허용한 원인이 되었다.

예루살렘을 정복하고 예루살렘 왕국(1099년~1291년)을 건설한 십자군은 유럽과의 교통로를 확보하기 위해 야파와 하이파 등 지중해 연안 도시를 정복했다. 제노바, 피사, 베네치아 등 이탈리아의 도시들이 이 전쟁에 협력했다. 그 후 제노바, 피사, 베네치아 등은 십자군의 해상 수송과 동방 무역을 맡아 발전했으며 지중해에서 이슬람 세력과 비잔틴 제국에 버금가는 세력으로 성장했다.

십자군과 살라딘

후에 십자군과 전쟁을 벌이는 살라딘은 1138년 이라크 중부의 티크리트에서 태어난 쿠르드인이다. 군인이 된 살라딘은 이집트에서 실권을 장악하고 파티마 왕조를 끌어내린 후 아이유브 왕조(1169년~1250년)를 세웠다. 그 후에는 시리아를 정복해 이슬람 세력의 통일을 꾀하고 십자군과 대항한다.

1187년 팔레스타인 북동부에서 살라딘 군과 예루살렘 왕국 군이 충돌한다. 하틴 전투라고 불린 이 전투에서 살라딘 군은 대승리를 거두었다. 한편, 수비대를 잃은 예루살렘 왕국은 일주일 후 항복을 선언하고 예루살렘을 넘겨주었다.

예루살렘 함락 소식이 전해지자 유럽에서는 잉글랜드 왕 리처드 1세, 프랑스 왕 필리프 2세, 신성 로마제국 프리드리히 1세까지 참가한 제3차 십자군이 편성되었다. 하지만 그 호화로운 면면에도 불구하고 제3차 십자군은 예루살렘 탈환에 실패하고 지중해 연안의 도시 아카(지금의 아크레)를 점령하는 데 그쳤다.

다만, 육상과 달리 해상에서는 유럽에 우세한 상황이 계속되었다. 살라딘은 이집트 함대를 재건했지만 아카 공방전 당시에는 유럽 함대의 해상 봉쇄로 항구에는 접근조차 하지 못했다. 심지어 수송선과 연락책이 막히면서 전서구를 보내거나 병사가 직접 헤엄을 쳤다는 일화가 남아 있다.

베이루트 연해에서 벌어졌던 잉글랜드 함대의 공격에 대해 살라딘의 전기 작가 바하 앗 딘 이븐 샤다드는 다음과 같이 기록했다.

1191년 6월 11일 용감한 병사와 무기 그리고 식료품 등의 군수 물자를 가득 실은 대형 함선이 베이루트에 접근했다. 병사의 수는 650명에 이르렀다. 잉글랜드 왕은 40척의 함대로 수송선을 포위해 침몰시켰다. 선장은 대참사가 임박하자 죽음을 피할 길이 없음을 알고 '신의 이름으로, 우리는 고귀한 죽음을 선택할 것이다. 배의 단 한 조각도 적의 수중에 넘기지 않겠다'고 큰소리로 외쳤다. 배에 탔던 선원들도 노를 들어 선체를 부수기 시작했다. ……선원들은 모두 물에 빠져 죽고 무기와 선체도 모두 가라앉았다.

(Lewis and Runyan,

European Naval and Maritime History)

　　제3차 십자군 원정 중, 잉글랜드 왕 리처드 1세(재위 1189년~1199년)의 함대는 태풍을 만나 키프로스 섬에 기항했다. 키프로스에는 비잔틴의 현지 총독이 있었지만 십자군에 대한 대응을 둘러싼 다툼이 일어나자 리처드 1세는 키프로스를 점령했다.

　　당시 리처드 1세가 우발적으로 점령한 키프로스 섬은 나중에 후퇴하는 십자군들의 피난처가 되었으며 이슬람 세력에 대한 저항의 거점으로서 중요한 역할을 하게 된다.

십자군의 종언과 기사수도회

11세기 말 제1차 십자군으로 시작된 유럽의 종교적 열정은 시대가 지날수록 점차 식어갔다. 시리아와 팔레스타인에 남은 십자군 국가도 1268년에 안티오키아, 1289년에 트리폴리, 1291년에는 아카가 함락되어 200여 년에 걸친 십자군의 시도는 결국 미완성으로 막을 내렸다.

물론, 십자군이 역사에 미친 영향은 적지 않다. 그중 한 가지는 십자군의 수송과 동방 무역을 통해 베네치아, 제노바 등 이탈리아의 여러 도시들이 발전했다는 점이다. 십자군 시대에 탄생한 기사수도회도 십자군의 유산 중 하나일 것이다.

기사수도회란, 로마 교황의 공인을 받은 조직으로 전사로서의 기사와 종교가로서의 수도사를 겸한 기사단이다. 기사수도회는 대개 그리스도교도의 성지 순례를 보호할 목적으로 만들어졌다.

3대 기사단 중 하나인 성 요한 기사단은 11세기 중반 무렵 아말피의 상인이 예루살렘의 성묘 교회 근처의 그리스도교도 거주지에 설립한 수도원에서 시작되었다. 처음에는 수도원에서 순례자를 위한 병원을 운영했지만 나중에는 순례길 수비와 같은 군사적 역할도 맡게 되었다.

또 십자군 제후들의 기부로 도시 관리와 방어를 맡게 되면서 군사적 비중이 더욱 높아졌다. 강고한 성채로 둘러싸인 시리아의 크락 데 슈발리에도 성 요한 기사단의 거점 중 하나였다.

십자군 후기에는 이슬람과의 전투의 선봉이 되어 활약하지만 1271년 난공불락이라 불리었던 크락 데 슈발리에가 함락되고 1291년에는 최후의 거점인 아카까지 잃자 키프로스 섬으로 후퇴했다.

그 후, 교황 클레멘스 5세의 협력으로 갤리선단을 꾸린 성 요한 기사단은 1308년 로도스 섬을 점령해 거점으로 삼았다. 로도스 기사단이라고 불린 성 요한 기사단의 갤리선단은 해상에서 무슬림의 배를 습격했다. 물론, 이슬람의 입장에서 보면 명백한 해적 행위였다. 말하자면, 성 요한 기사단은 이슬람과의 전투를 명목으로 지중해의 해적이 되었던 것이다.

앞서 살펴본 것처럼, 십자군은 동지중해 연안 지역에서 철수했지만 해상에서는 유럽에 우세한 상황이 계속되고 있었다. 그 이유로, 해사 역사가 루이스와 루냔은 다음의 세 가지를 지적했다.

첫째는 정부와 행정 기구 발달의 차이이다. 유럽의 여러 나라가 대규모 재정 계획을 실시할 수 있는 관료 기구가 발달하고 대함대를 유지·정비하기 위한 재원을 확보할 수 있었다면 이슬람 제국은 이집트의 맘루크 왕조(1250년~1517년)와 같이 노예 징집병에 의한 통치 혹은 부족적인 통치에 의존해 정부·행정 기구가 발달하지 못했다.

둘째는 상업 시스템 발달의 차이이다. 유럽에서는 금융, 회계, 보험 시스템이 발달했다. 그 결과, 유럽 상인들은 이탈리아를 중심으로 활발한 해상 무역을 전개함으로써 이슬람 상인과의 경쟁에서 이길 수 있었다.

　셋째는 해사 기술의 차이이다. 특히, 항해와 적재 능력이 높은 범선인 코그선을 만든 유럽의 조선 기술을 따라갈 수 없었던 이슬람은 소형 갤리선 말고는 유럽에 대항할 방법이 없었던 것으로 보인다. 또 북유럽에서 개발된 코그선은 개량을 거쳐 대항해 시대에 활약하는 카라크선을 탄생시켰다.

　이처럼 당시 유럽의 정치, 경제, 기술적 발전은 지중해의 세력 균형을 바꾸어 놓았으며 지중해에서 상업 활동을 하던 이탈리아 여러 도시의 발전을 가져왔다.

(왼쪽)그림 2-16 아카 공방전(도미니크 루이 파프티, 1840년)
(가운데)그림 2-17 크락 데 슈발리에(시리아)
(오른쪽)그림 2-18 로도스 섬의 성 요한 기사단장의 궁전

이분법의 시대

본 장에서 살펴보았듯이, 중세 지중해에는 복수의 세력이 병존하고 전쟁을 벌이며 성쇠를 거듭해왔다. 그리고 마지막에는 그리스도교 세계와 이슬람 세계의 대립이 이 시대의 기조가 되었다.

유럽에서는 레콘키스타와 십자군으로 드러났듯이 그리스도교도와 이도교라는 이분법적인 세계관으로 이슬람 지배지에 대한 정복이 이루어졌다.

한편, 이슬람 세계도 기본적인 구도는 같았다.

이슬람 측에서는 세계를 '이슬람의 집(다르 알 이슬람, dār al-Islām)'과 '전쟁의 집(다르 알 하르부, dār al-harb)'로 이분하고 '이슬람의 집'

에 대한 방어와 확대를 지향했다. '이슬람의 집'이란 무슬림과 이슬람 법(샤리아)이 지배하는 영역이며 '전쟁의 집'이란 그 외의 이교도가 지배하는 영역이다. 무슬림으로서는 '이슬람의 집'이 더 바람직한 사회이기 때문에 '전쟁의 집'으로부터 '이슬람의 집'을 방어하고 또 '전쟁의 집'을 '이슬람의 집'으로 바꾸기 위한 정복 전쟁과 같은 성전(지하드)이 장려되었다.

이처럼 중세에는 그리스도교와 이슬람교 양쪽이 서로 자기우월적인 의식을 갖고 지중해의 패권을 다투었다. 그리고 그런 상황에서 해적 행위는 정당화되었다.

물론, 두 세계가 항상 대립했던 것만은 아니었다. 시대와 지역에 따라서는 상업적인 교류도 활발하고 평화적인 공존 관계도 형성되었지만 전반적으로 볼 때 이 시대에는 레콘키스타와 십자군 그리고 '성전'으로서의 정복 전쟁 등 종교적인 차이로 인한 분쟁이 끊이지 않았다.

그리스도교와 이슬람교 세계의 배타적이고 자기우월적인 의식은 결국 두 제국의 충돌로 나타난다.

제3장
두 제국

제국의 탄생

13세기 말 터키 북서부에는 수장 오스만이 이끄는 100명 남짓한 터키계 무슬림 집단이 주변 지역으로 세력을 넓히고 있었다. 오스만 제국(1299년~1922년)의 시초이다.

오스만이 세상을 떠난 후, 뒤를 이은 오르한은 1326년 비잔틴 제국의 도시 프루사(지금의 부르사)를 정복하고 그 땅을 거점으로 니카이아(지금의 이즈니크)와 니코메디아(지금의 이즈미트) 등 터키 서부의 여러 도시를 잇달아 공략했다.

제3대 군주 무라트 1세는 발칸 지방의 아드리아노플(지금의 에디르네)을 정복하고 수도로 삼았다.

한편, 비잔틴 제국은 이슬람 세력의 거듭된 습격과 제4차 십자군의 침략으로 세력이 약해진 상태였다. 오스만 왕조에 공납을 바치며 겨우 존속하고 있었지만 성벽에 둘러싸인 수도 콘스탄티노플(지금의 이스탄불)을 지키는 것만도 벅찬 상황이었다.

그 무렵, 지중해 서쪽에서도 정치 지형이 크게 바뀌고 있었다. 이베리아 반도에서 카스티야 왕국과 아라곤 왕국이 이슬람 세력을 무찌르고 지배 영역을 넓히고 있었다.

11세기 전반 레온 왕국을 병합하고 이베리아 반도 서북부를 지배한 카스티야 왕국은 남부에 대한 레콩키스타에 나선다. 카스티야 군은 톨레도, 코르도바, 세비야 등을 차례로 정복하고 13세기 중반에는 이베리아 반도의 약 3분의 2에 해당하는 영토를 지배하게 되었다. 내부 대립으로 약화된 이슬람 세력은 남부의 그라나다

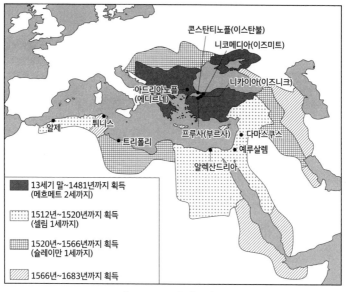

콘스탄티노플(이스탄불)
니코메디아(이즈미트)
니카이아(이즈니크)
아드리아노플(에디르네)
알제
튀니스
트리폴리
프루사(부르사)
다마스쿠스
예루살렘
알렉산드리아

■ 13세기 말~1481년까지 획득
(메흐메트 2세까지)

1512년~1520년까지 획득
(셀림 1세까지)

1520년~1566년까지 획득
(슐레이만 1세까지)

1566년~1683년까지 획득

그림 3-1 오스만 제국의 영토

왕국만 남은 상태였다.

이베리아 반도 동부에서는 12세기 초반 아라곤 왕국이 이슬람 세력으로부터 사라고사를 탈환하고 바르셀로나 백작령 카탈루냐와 연합해 지중해로 진출했다. 아라곤 왕국은 13세기에 스페인 발레아레스 제도와 시칠리아로 진출하고 14세기에는 사르데냐 섬을 점령했다. 1442년에는 이탈리아 남부의 나폴리 왕국을 병합하고 서지중해를 아우르는 해양왕국이 되었다.

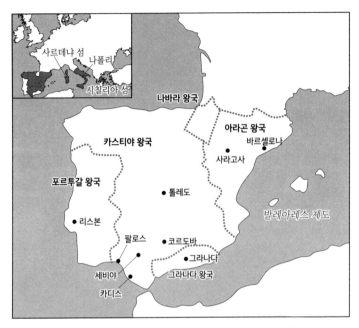

그림 3-2 카스티야 왕국과 아라곤 왕국(15세기 중엽)

　이처럼 카스티야 왕국은 이베리아 반도에서 레콘키스타를 진행하며 영토를 확장하고, 아라곤 왕국은 서지중해에서 세력을 넓혔다. 1469년 아라곤 왕자 페르난도 2세와 카스티야의 왕녀 이사벨이 결혼하고 수년 후 각각 국왕에 즉위함으로써 1479년 두 나라는 통일되었다. 그리하여 이베리아 반도와 서지중해로 펼쳐진 스페인 제국이 탄생했다.

　15세기에는 지중해를 사이에 두고 동방의 오스만 제국과 서방의 스페인 제국이라는 두 대제국이 등장했다. 또 오스만 제국은 1453년에 콘스탄티노플을 정복하고 비잔틴 제국을 멸망시켰으며 스페인 제국은 1492년에 그라나다를 함락시키고 이베리아 반도 최후의 이슬람 왕국을 멸망시켰다.

이교도의 지배지 정복을 마친 두 제국은 이번에는 지중해로 시선을 옮겼다. 그것은 결국 지중해 패권을 둘러싼 두 제국의 충돌로 이어진다.

지중해의 동서에 위치한 두 제국의 충돌은 이슬람 세계와 그리스도교 세계의 맹주가 맞붙은 전쟁이기도 했다. 이후의 세계사의 향방을 좌우한 두 제국의 대결에서 중요한 역할을 한 것은 다름 아닌 해적이었다.

레콘키스타와 해적

레콘키스타로 이베리아 반도에서 밀려난 많은 무슬림 주민들이 북아프리카로 이주하면서 북아프리카에는 스페인 안달루시아 지방으로부터 뛰어난 문화와 기술이 전해졌다.

예컨대, 지금도 유명한 튀니지의 나불 도자기와 셰샤라고 불리는 챙이 없는 붉은색 양모 모자의 제조 기술은 그 당시 안달루시아 출신 장인이 들여온 것이다. 특히, 셰샤 제조는 15세기 이후 튀니스에서 일대 산업으로 발전해 터키나 그리스 등 동지중해 방면으로도 수출되었다. 한창일 때는 생산량이 연간 8만 다스에 이르렀

그림 3-3 나불의 도자기
(카이로우안 구 도시)

그림 3-4 셰샤 제조(튀니스 구 도시)

다고 한다.

이런 수공예품 기술과 함께 당시 이베리아 반도에서 밀려난 사람들을 통해 북아프리카로 전해진 것이 있다. 바로 해적이었다.

15세기 서지중해에서는 이탈리아 도시들의 강력한 함대가 선단 방식으로 해상 수송을 보호하고 북아프리카의 여러 나라와 이탈리아의 도시들 간에 조약을 체결함으로써 통상 관계가 구축되었기 때문에 해적의 활동이 한정적일 수밖에 없었다.

레콘키스타로 고향에서 쫓겨난 안달루시아의 무슬림들에게 스페인과의 전쟁은 개인적인 복수인 동시에 빼앗긴 이슬람 지배지를 회복한다는 종교적 의미도 있었다.

해양 기술과 연안 지리에 밝고 복수심과 종교적 열정을 지닌 안달루시아 출신 중에서 소형 갤리선을 타고 스페인 상선과 스페인 연안을 습격하는 자들이 나타났다. 위험이 따랐지만 일확천금을 손에 쥘 수 있는 해적 행위는 실리 면에서도 꽤나 매력적인 시도였던 것이다.

스페인의 반격

스페인도 북아프리카를 거점으로 활동하는 해적을 가만히 보고 있었던 것만은 아니다. 당시 스페인은 신대륙의 부가 흘러들어오기 시작하던 시기였다. 금은을 실은 수송선이 대서양을 건너고 지브롤터 해협을 통과해 마침내 바르셀로나에 도착하려는데 해적의 습격을 받았으니 스페인으로서는 참을 수 없었을 것이다. 스페인 국왕 페르난도 2세는 북아프리카의 해적 진압을 결심하고 그들의 거점항에 대규모 함대를 파견하기로 했다. 함대 사령관에는 경험이 풍부한 돈 페드로 나바로가 지명되었다.

북아프리카 원정에 나선 스페인 함대는 1509년에 오랑을, 이듬해에는 베자이아를 점령했다. 스페인 군은 공략한 항구마다 요새를 짓고 수비병을 배치해 해적의 활동을 봉쇄했다.

1512년에는 알제를 공격해 연안의 작은 섬들을 점거하고 요새를 지었다. 그 후, 알제에 들어오는 해적선에는 스페인 요새의 포격이 쏟아졌다. 15세기에 포르투갈과 스페인이 점령한 북아프리카의 세우타와 멜리야는 지금까지도 스페인령으로 남아 있다.

북아프리카의 주요 항구를 잇달아 제압한 나바로 함대의 활약으

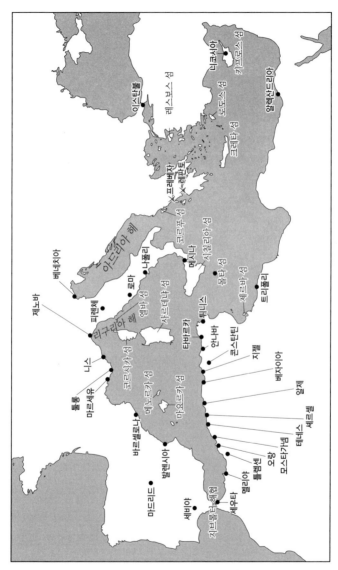

그림 3-5 지중해 지도

로 해적 활동이 진정되었다. 다만, 그것은 일시적인 정적에 불과했다. 머지않아 북아프리카 해적은 지중해 동쪽에서 온 강력한 원군을 얻게 된다.

레스보스 섬의 형제

1462년 오스만 제국의 메흐메트 2세는 에게 해 북동부에 위치한 레스보스 섬을 정복했다. 10여 년 전 콘스탄티노플을 공략한 오스만 제국에 있어 레스보스 섬 정복은 지중해 진출의 첫걸음이었다.

그런 레스보스 섬에서 훗날 지중해에 이름을 떨치게 되는 해적이 탄생했다. 바르바로사(붉은 수염)

그림 3-6 바르바로사 형제

라고 불리며 지중해를 공포에 떨게 한 우르지와 하이르 앗 딘 형제였다.

오스만 제국의 연대기 작가 시난 샤오슈의 기록에 따르면, 바르바로사 형제의 아버지 야쿠브는 레스보스 섬을 거점으로 해상 교역을 하던 무슬림 상인이었다. 우르지와 하이르 앗 딘을 포함한 4형제는 어릴 때부터 아버지의 상선을 탔기 때문에 해상 생활에 익숙했다고 한다.

아버지가 세상을 떠난 후, 차남 이샤크와 사남 하이르 앗 딘은 아버지의 사업을 이어받지만 장남 일야스와 삼남 우르지는 상인보다 더 큰 돈을 벌 수 있는 해적으로 전향했다. 해적이 된 일야스와 우르지가 세 번째 항해에 나섰을 때 로도스 섬의 갤리선을 만나 전투가 벌어졌다. 로도스 섬에서 만난 갤리선은 성 요한 기사단의 갤리선이었다.

이 전투로 일야스는 목숨을 잃고 우르지도 기사단에 사로잡혔다. 그 소식을 들은 하이르 앗 딘은 우르지를 구하기 위해 그리스도교도 상인에게 몸값 협상을 중개해달라고 부탁했다. 하지만 우르지는 로도스 섬에 온 그 상인에게 '자신이 알아서 할 테니 걱정하지 말라고 전하라'며 제안을 거절했다고 한다.

그 후, 우르지는 갤리선에서 노를 젓는 사역을 하다 시리아 연해에서 선단이 태풍을 만났을 때 몰래 바다로 뛰어들어 탈출에 성공했다. 그가 선언했듯 스스로 자유를 되찾은 것이다. 이집트 알렉산드리아에 도착한 우르지는 다시 해적 활동을 재개하고 해적 선장이 되었다는 것이 시난 샤오슈가 기록한 우르지의 입지전이다.

한편, 17세기 스페인 출신의 역사가 디에고 데 아에도는 알제의 터키인에게 들은 이야기라며 바르바로사 형제의 청년기에 대해 다르게 설명했다.

우르지와 하이르 앗 딘의 아버지 야쿠브는 그리스도교를 믿는 가난한 도공이었다고 한다. 형 우르지는 스무 살이 되자 집을 떠나 생계를 위해 무슬림으로 개종하고 해적이 되었다고 한다. 해적으로 활약한 우르지는 마침내 자신의 배를 갖게 되고 해적 선장이 되었다는 것이 디에고 데 아에도의 설명이다.

어떤 기록이 사실인지는 둘째치고 결국 우르지가 해적 선장이 되었다는 공통점이 있다. 그 후, 우르지는 동생 하이르 앗 딘과 함께 서쪽으로 향한다. 당시 동지중해에서는 오스만 제국의 대두로 교역 활동이 정체되고 약탈 대상도 줄었지만 서지중해에서는 앞서 살펴보았듯이 안달루시아 출신의 해적이 큰 성공을 거두고 있었던 것이다.

대형 갤리선 나포

1504년 봄 우르지는 두 척의 소형 갤리선으로 동지중해를 건너 튀니스의 라굴레트 항구로 들어갔다. 당시 튀니스는 오스만 제국이 아닌 튀니스에 수도를 둔 하프스 왕조(1229년~1574년)가 통치하고 있었다.

우르지는 왕을 접견하고 약탈품 일부를 헌납하는 조건으로 항구 출입과 물자 조달 허가를 얻었다.

우르지는 며칠간 튀니스에 머문 후 라굴레트 항을 떠났다. 우르지의 소형 갤리선은 지중해를 북상해 이탈리아의 엘바 섬 연해에 닻을 내렸다. 사냥감을 기다리던 우르지 앞에 로마 교황 율리우스 2세가 소유한 대형 갤리선이 나타났다.

두 척의 대형 갤리선은 제노바에서 상품을 가득 싣고 로마로 돌아가는 중으로, 이탈리아 연안 해역에서 해적이 기다리고 있을 줄은 꿈에도 모른 채 서로 떨어져 항해하고 있었다.

당초 우르지의 소형 갤리선에 탄 터키 병사들은 자신들보다 세 배나 많은 선원들을 태운 대형 갤리선을 보고 당혹감을 감추지 못했다. 하지만 우르지는 겁먹은 터키 병사들의 사기를 북돋우며 대형 갤리선이 가까이 오기를 기다렸다.

엘바 섬과 이탈리아 연안의 좁은 해협에 다다른 교황의 대형 갤리선은 아무런 경계심 없이 우르지의 소형 갤리선에 다가갔다. 그리고 배 위에서 무장한 터키 병사들을 발견한 순간, 소형 갤리선에서 총탄과 화살이 쏟아졌다.

불시의 기습에 당황한 선내에서는 대혼란이 벌어졌다. 곧이어 바짝 붙은 우르지의 배에서 터키 병사들이 쳐들어오자 저항도 못하고 그대로 항복했다. 우르지는 보기 좋게 교황의 대형 갤리선을 빼앗았다.

우르지는 남은 한 척의 배까지 노리고 빼앗은 대형 갤리선에서 매복했다. 대형 갤리선이 가까이 오자 조금 전과 같이 총공격을 퍼부었다. 아무런 경계도 없던 대형 갤리선은 또 다시 우르지의 먹잇감이 되고 말았다. 우르지는 나포한 두 척의 대형 갤리선을 선원과 화물까지 모두 싣고 튀니스로 향했다.

튀니스로 돌아온 우르지는 큰 환영을 받았다. 경제적 가치도 물론이거니와 소형 갤리선으로 로마 교황의 대형 갤리선 두 척을 빼앗은 우르지의 패기에 마을 전체가 열광했다. 이 사건으로 우르지는 튀니스뿐 아니라 북아프리카와 유럽에까지 명성을 떨치게 되었다.

베자이아 공략 실패

대형 갤리선과 노를 저을 노예까지 손에 넣은 우르지는 그 후로도 튀니스를 거점으로 대담한 원정을 거듭했다. 1506년에는 스페인 국왕 페르난도 2세가 나폴리 부왕에게 보낸 대형 범선을 공격해 500명의 스페인 병사를 포획하는 데 성공했다.

우르지의 명성을 들은 튀니스 남쪽 가베스 만에 있는 제르바 섬의 영주는 스페인 군의 공격에 대항하기 위해 우르지에게 섬의 방어를 위탁했다. 우르지는 제르바 섬으로 거점을 옮겨 해적 행위를 하다 수년 후 제르바 섬을 떠나 서쪽으로 향했다.

앞서 살펴보았듯이, 수년 전부터 스페인은 함대를 파견해 북아프리카의 주요 항구마다 요새를 구축했다.

1512년 1,000여 명의 터키 병사를 실은 소형 갤리선 12척으로 편성된 우르지의 선단은 알제리 연안의 베자이아로 향했다. 베자이아 근교에 상륙한 우르지 함대는 현지 유목민의 지원을 받아 베자이아 항구 요새의 스페인 수비병을 공격했다.

8일에 걸친 치열한 공방전이 계속되었다. 그리고 마침내 성벽이 무너지기 직전, 선두에서 싸우던 우르지가 스페인 병사의 총탄을 맞고 쓰러졌다. 지휘관을 잃은 우르지의 군대는 베자이아 공략을 포기하고 튀니스로 철수했다. 우르지는 겨우 목숨을 건졌지만 왼팔을 쓰지 못하게 되었다.

우르지의 선단이 빈손으로 돌아간 것은 아니었다. 우르지는 타바르카 연해에서 작은 배를 포획했다. 그 배는 제노바의 산호 어선이었다. 제노바는 튀니스의 하프스 왕조로부터 정식으로 타바르카 연해의 산호 채취 허가를 받고 조업하던 중이었다. 그런 산호 어선을 나포한 것이었다.

제노바와 하프스 왕조의 계약에 어긋나는 산호 어선 나포로 제노바는 크게 분노했다. 그리고 이 우발적인 사건이 두고두고 바르바로사 형제와 악연을 맺게 되는 한 제노바인을 불러들였다. 바로 제노바의 제독 안드레아 도리아였다.

타바르카 연해의 산호 어선 나포 소식을 들은 제노바 원로원은 도리아에게 튀니스 원정을 명했다. 곧장 12척의 갤리선단을 이끌고 출항한 도리아는 지중해를 남하해 튀니스로 귀항하는 우르지 선단을 습격했다.

우르지의 선단은 불시의 습격에 꼼짝없이 당하고 말았다. 지휘관 우르지마저 병상에 누워 있는 상태였다. 도리아는 제노바 어선을 되찾았을 뿐 아니라 우르지의 소형 갤리선 6척을 빼앗아 의기양양하게 제노바로 돌아왔다.

우르지는 한쪽 팔을 잃고 선단의 절반을 빼앗겼지만 실의에 빠지지 않고 상처가 낫자 다시 예기를 되찾았다. 1514년 우르지는 선단을 이끌고 또 다시 베자이아로 향했다.

다만, 두 번째 베자이아 원정에서도 스페인의 요새를 공략하지는 못했다. 강고한 요새와 스페인 원군이 가세한 수비대 앞에서 결국 베자이아 공략을 단념했다. 우르지는 베자이아를 떠나 동쪽으로 100킬로미터 가량 떨어진 작은 도시 지젤로 철수했다.

알제 왕 우르지

베자이아 공략에 실패하고 지젤로 후퇴한 우르지에게 기회가 찾아왔다.

1516년 스페인의 페르난도 2세가 세상을 떠나자, 알제의 아랍인 수장 살림은 이번 기회에 스페인의 지배로부터 벗어나기로 결심했다. 살림은 항구 요새에 주둔한 스페인 병사를 쫓아낼 요량으로 우르지에게 원군을 요청했다.

살림의 요청을 받아들인 우르지는 곧장 알제 원정 준비를 시작했다. 터키 병사 500명을 실은 소형 갤리선 16척으로 선단을 꾸려 알제로 파견하고 자신은 아랍 병사를 이끌고 육로를 통해 서쪽으로 진군했다.

우르지는 알제에서 서쪽으로 약 70킬로미터 떨어진 셰르셸에서 선단과 합류해 알제로 향했다. 이때 우르지는 스페인 요새를 공략하기에 앞서 알제의 수장 살림을 죽이고 알제를 빼앗았다.

한편, 죽임을 당한 살림의 아들은 알제에서 약 400킬로미터 거리의 오랑으로 달아나 그곳에 주둔해 있던 스페인 군에 도움을 요청했다. 적의 적은 동지라는 논리였다.

알제 지배에 혹한 스페인은 이 요청을 받아들여 본국으로부터 약 1만 명에 달하는 군대를 파견하기로 결정했다.

1517년 봄 프란시스코 데 베라가 이끄는 스페인 함대는 지중해를 남하해 알제로 향했다. 하지만 함대가 알제 연해에 들어섰을 때 갑작스런 기상 악화로 돌풍이 함대를 덮쳤다.

지금도 알제에서는 3, 4월을 '광기의 달'이라고 부른다. 맑게 개었다가도 돌연 호우와 강풍이 휘몰아쳤다.

대부분의 배들이 전복되고 가까스로 해안까지 헤엄쳐 온 스페인 병사들도 잠복하던 우르지 군의 공격에 꼼짝없이 당했다. 스페인 군의 참패였다.

스페인 군을 격퇴한 우르지를 상대로 이번에는 알제 주변의 아랍인 수장들이 반란을 꾸몄다. 그들로서는 갑자기 나타나 알제를 가로챈 한낱 터키인의 지배를 인정할 수 없었던 것이다.

1517년 6월 테네스의 수장 휘하로 집결한 1만여 명의 아랍 군이 알제로 진군했다.

소식을 들은 우르지는 가만히 적의 내습을 기다리고 있을 성격이 아니었다. 동생 하이르 앗 딘에게 알제 수비를 맡기고 아랍 군에 맞서 싸우기 위해 터키 병사를 이끌고 테네스로 향했다. 터키 병사는 1천여 명에 불과했지만 아랍인들에게는 없는 머스킷 총을 가지고 있었다.

우르지 군과 아랍 군은 알제 서쪽에서 충돌했다. 수적으로 크게 우세했던 아랍 군은 터키 병사들의 일제 사격에 맥없이 쓰러졌다. 아랍군의 대패였다. 테네스의 수장은 도망가고 우르지는 간단히 테네스의 도시를 점령했다.

우르지의 최후

테네스에 머물던 우르지에게 이번에는 알제리 서부 틀렘센에서 밀사가 찾아왔다. 틀렘센에 수도를 둔 자이얀 왕조(1236년~1550년)는 수년 전 왕정 내부의 후계자 다툼이 있었는데 그때 추방된 일파가 왕위를 되찾기 위해 우르지에게 원군을 요청하러 온 것이었다.

우르지로서는 틀렘센을 차지할 절호의 기회였다. 그 해 9월 우르지는 테네스를 떠나 틀렘센 원정에 나섰다.

틀렘센에서 출병한 자이얀 왕조의 군대와 우르지의 군대

그림 3-7 틀렘센의 성벽

그림 3-8 틀렘센의 왕궁

는 오랑 동쪽에 위치한 모스타가넴 근교에서 충돌했다. 우르지 군
은 이번에도 승리를 거두었다.

왕은 틀렘센으로 도망갔지만 반대파 귀족에게 죽임을 당했다.
틀렘센에 입성한 우르지는 그해 겨울을 13세기부터 줄곧 자이얀
왕조의 수도였던 틀렘센에서 보냈다.

우르지가 자이얀 왕조의 군대를 무찌른 1517년 9월 스페인에서
는 17세의 카를로스 1세가 새 국왕으로 즉위했다.

오랑에 주둔한 스페인 사령관 코마레스 후작은 새 국왕에게 북

아프리카의 상황을 알리고 우르지를 토벌할 군대 파견을 청원했다. 카를로스 1세는 그의 진언을 받아들여 1만에 이르는 스페인 군대를 보냈다.

1518년 5월 대군을 이끌고 오랑으로 돌아온 코마레스 후작은 우르지가 있는 틀렘센을 향해 진군했다.

스페인 군이 오고 있다는 소식을 들은 우르지는 1,500여 명의 터키 병사로는 대항할 수 없다고 판단하고 틀렘센을 떠나 알제로 후퇴했다.

우르지 군은 스페인 군 몰래 퇴로를 골라가며 알제로 향했지만 틀렘센에서 동쪽으로 약 50킬로미터 떨어진 후에크사다 강에 이르렀을 즈음 스페인 군에 발각된다.

우르지는 트렘센에서 가져온 재물을 마구 뿌리며 적의 주의를 돌리려고 했지만 스페인 군은 아랑곳 않고 맹공격을 퍼부었다. 더는 도망칠 수 없다는 것을 깨달은 우르지는 한 팔로 스페인 병사를 쓰러뜨리며 맹수처럼 싸웠다고 전해진다. 우르지를 따르던 터키 병사들도 끝까지 충성을 다해 살아남은 자가 거의 없었다고 한다.

이 전투를 기록한 역사가 디에고 데 아에도는 다음과 같은 기술로 우르지의 전기를 끝맺는다.

우르지를 알고 있는 사람들로부터 전해들은 이야기에 따르면, 우르지가 전사했을 때 그의 나이는 44세였다. 키는 크지 않았지만 건장하고 튼튼한 육체를 지녔다고 한다. 붉은 수염을 기르고 눈에는 힘과 열정이 가득했으며 매부리코에 검게 그을린 피부를 가졌다. 그는 기력이 넘치고 매우 용감했으며 두려움이 없었다. 또한 고결하고 관대한 성품을 지녔다고 한다. 전투 중이거나 반항하는 경우를 제외하면, 잔혹함을 보이지 않았다. 그는 주위로부터 크게 사랑받았으며 병사들로부터는 존경을 받았다. 병사들은 그의 죽음을 알고 하염없이 눈물을 흘렸다고 한다. 그는 후손을 남기지 않았다.

그가 바르바리 지방(알제리·튀니지·모로코의 통칭)에서 보낸 14년간은 그리스도교도들에게 재앙이었다. 지젤의 왕으로 4년, 알제의 왕으로 2년, 틀렘센의 왕위 찬탈자로서 1년의 나날이었다.

(Diego de Haedo, *Histoire des Rois d'Alger*)

알제 총독 하이르 앗 딘

우르지의 뒤를 이어 알제의 지배자가 된 사람은 동생 하이르 앗 딘이었다.

하지만 하이르 앗 딘을 둘러싼 상황은 여의치 않았다. 우르지 군을 괴멸하고 오랑으로 퇴각한 스페인 군이 언제 쳐들어올지 알 수 없었기 때문이다. 자력으로 스페인 군에 대항할 수 없다고 여긴 하이르 앗 딘은 오스만 제국에 지원을 요청했다.

하이르 앗 딘은 오스만 제국의 제9대 술탄 셀림 1세(재위 1512년 ~1520년)에게 사신을 보냈다. 오스만 제국의 속주가 되는 대신 군사적 비호를 요청한 것이다. 하이르 앗 딘의 요청은 서지중해 진출을 계획하던 셀림 1세로서는 더할 나위 없는 제안이었다.

셀림 1세는 하이르 앗 딘을 오스만 제국의 알제 총독으로 임명하는 동시에 약 2천 명의 터키 병사를 알제로 파견했다. 그리하여 알제는 오스만 제국의 속주가 되었다.

오스만 제국의 원군과 알제 총독의 지위를 얻은 하이르 앗 딘은 통치 체제를 공고히 다졌다. 대립했던 주변의 아랍인 수장들과도

그림 3-9 카를 5세(티치아노 베첼리오, 1548년)

화해하고 과거 우르지가 추방한 테네스의 수장에게는 통치권을 돌려주었다. 동시에 동부 원정을 개시하고 콘스탄틴과 안나바 등을 정복해 지배지를 넓혔다.

또한 하이르 앗 딘은 알제 항구를 해적들에게 개방했다. 알제는 이내 무슬림 해적의 일대 거점이 되었다.

한편, 스페인 국왕 카를로스 1세(재위 1516년~1556년)는 1519년 프랑스 왕 프랑수아 1세(재위 1515년~1547년)를 끌어내리고 신성 로마제국의 황제로 선출되었다. 카를로스 1세는 신성 로마제국의 황제로서 카를 5세라 불리며 그리스도교 세계를 주도하게 되었다.

카를 5세는 유럽 여러 나라를 상대로 약탈 행위를 거듭하는 무슬림 해적을 진압하기 위해 그들의 거점인 알제 원정을 결의했다. 카를 5세의 명령으로 알제 원정을 지휘하게 된 돈 휴고 제독은 함대 50척에 스페인 병사 5천 명을 싣고 알제로 향했다.

하지만 위풍당당한 신성 로마제국의 함대도 2년 전 데 베라의 함대와 마찬가지로 알제 해역에서 강력한 태풍을 만났다. 돈 휴고의 함대는 뿔뿔이 흩어져 해안으로 쏠려가고 겨우 상륙한 스페인 병사도 잠복하고 있던 터키 병사들의 먹잇감이 되었다. 스페인 군의 알제 원정은 또 다시 실패로 끝났다.

이 원정 이후, 카를 5세는 프랑스 왕 프랑수아 1세와의 전쟁에 집중하느라 북아프리카에는 서서히 관심을 잃었다. 스페인의 위협이 잦아들자 하이르 앗 딘은 알제 항 입구에 지어진 스페인 요새 공략에 나섰다.

그림 3-10 알제 항 연안의 작은 섬을 잇는 제방의 일부

1529년 5월 알제 항 연안의 작은 섬에 지어진 스페인 요새에 대포 공격이 빗발쳤다. 포격은 보름에 걸쳐 밤새 계속되었다고 한다. 요새 안에는 200명 남짓한 스페인 수비병들이 있었다. 16일째 마침내 터키 병사가 내부로 진입하면서 요새가 함락되었다. 요새 안에는 중상을 입은 마틴 데 바르가스 대위와 병사 53명만 남아 있었다고 한다.

스페인 요새를 파괴하고 그 석재로 섬과 육지를 잇는 제방을 쌓았다. 약 200미터 길이의 제방을 쌓는 데 2년여가 걸렸다고 한다. 지금도 알제 항에서 당시 만들어진 제방의 일부를 볼 수 있다.

그림 3-11 술레이만 1세(티치아노 베첼리오, 1530년)

튀니스 공략

그 무렵, 알제에 인접한 튀니스의 하프스 왕조에서는 내분이 일어났다. 후계자 다툼으로 40명 남짓한 친족을 죽이고 왕위에 오른 하산에 대한 반감이 높아졌던 것이다.

1533년 하산에게 원한을 품은 일파가 은밀히 알제의 하이르 앗 딘을 찾아와 반란에 대한 지원을 요청했다. 하이르 앗 딘에게도 튀니스는 지중해의 요충지이자 과거 우르지와 함께 거점으로 삼았던 매력적인 도시였다.

마침 하이르 앗 딘은 오스만 제국의 술탄을 알현하기 위해 이스탄불로 가던 길이었다. 당시의 술탄은 셀림 1세의 아들 술레이만

1세였다.

1520년부터 40년 넘게 술탄의 자리를 지켰던 술레이만 1세는 오스만 제국의 최전성기에 군림한 술탄이다. 1522년 로도스 섬에서 성 요한 기사단을 추방해 동지중해의 패권을 장악하고 1529년에는 군대를 이끌고 빈을 포위 공격한 일로도 유명하다. 술레이만 1세는 신성 로마 황제 카를 5세와 프랑스 왕 프랑수아 1세와 함께 격동의 시대를 대표하는 인물이다.

술레이만 1세는 하이르 앗 딘에게 오스만 함대의 정비를 명했다. 역사가 깊지 않은 오스만 제국의 해군을 정비하는 데 해적 경험이 풍부한 하이르 앗 딘이 제격이었기 때문이다. 하이르 앗 딘은 수개월 만에 갤리선 60여 척을 만드는 등 오스만 제국 해군의 초석을 다졌다.

1534년 봄 술레이만 1세는 하이르 앗 딘을 알제 총독에서 북아프리카 총독으로 승격하고 40척의 갤리선을 하사했다.

같은 해 8월 갤리선단을 이끌고 이스탄불을 출발한 하이르 앗 딘은 튀니스의 라굴레트 항을 침공했다. 더는 해적 두목이 아닌 8천여 명의 군사를 지휘하는 오스만 제국의 북아프리카 총독으로 튀니스를 공격한 것이다.

오스만 제국 함대의 습격 소식을 들은 하프스 왕조의 하산은 겁에 질려 튀니스에서 도망쳤다. 덕분에 하이르 앗 딘은 튀니스에 무혈 입성했다. 하산의 압정에 시달리던 튀니스 주민들은 하이르 앗 딘이 자신들을 해방시켰다며 환영했다.

한편, 하산은 왕위를 되찾기 위해 스페인에 도움을 요청했다. 하산은 자신이 복위하면 스페인의 속국이 되겠다는 조건으로 스페인의 원군을 청했다.

알제 원정에 계속 실패했던 신성 로마 황제 카를 5세는 오스만 제국의 서지중해 진출을 저지할 목적도 있었기 때문에 하산의 요청을 받아들여 튀니스 원정을 결의했다. 카를 5세는 스페인과 이탈리아에서 정예부대를 소집해 대함대를 편성했다.

그리고 이번에는 카를 5세가 직접 원정 지휘관을 맡았다. 함대 사령관에는 안드레아 도리아가 임명되었다.

제노바 제독 안드레아 도리아

고대 로마 시대에 로마와 마르세유를 잇는 기항지로 번성한 제노바는 중세로 들어서면서 동지중해와 흑해로 진출해 교역망을 확대하며 베네치아와 함께 이탈리아를 대표하는 해항도시국가로 발전했다.

지중해와 흑해의 이권을 둘러싸고 베네치아와 치열한 다툼이 있었지만 14세기 이후에는 베네치아와 오스만 제국과의 전쟁에 패해 점차 동지중해의 거점을 잃었다. 15세기에는 제노바 본국이 프랑스와 밀라노 공국의 지배를 받았다.

1466년 제노바의 명문가 도리아 가문에서 태어난 안드레아 도리아는 사관으로서 다수의 군역을 거쳤다. 1503년 코르시카 전쟁

그림 3-12 안드레아 도리아(세바스티아노 델 피옴보, 1526년)

에서 공을 세운 그는 제노바 해군의 대제독으로 임명되었다.

순조롭던 도리아의 행보도 1522년 제노바에서 일어난 정변으로 도리아 가문이 실각하고 도리아도 제노바에서 추방되었다.

도리아가 향한 곳은 프랑스였다. 그는 프랑스 왕 프랑수아 1세 치하에서 해군 제독을 맡았다. 하지만 자신에 대한 대우와 제노바에 대한 프랑수아 1세의 가혹한 정책에 불만을 품은 도리아는 1528년 프랑수아 1세에 반기를 들고 제노바 공화국의 독립을 약속한 스페인의 카를 5세에게 간다.

당시 프랑스는 이탈리아 남부를 침공해 스페인이 지배하던 나폴리를 공략하기 직전이었다. 하지만 도리아가 이끄는 함대의 이반

으로 바다에서의 식량 보급이 끊긴 프랑스 군은 할 수 없이 남이탈
리아에서 철수했다. 결과적으로, 도리아의 이반은 프랑스의 이탈
리아 지배를 막았다.

도리아는 프랑스와 스페인을 오간 편력 때문에 바다의 용병대장
이라고도 불리었지만 어쩌면 그것은 그의 의지라기보다 프랑스와
스페인이라는 두 강대국 사이에서 이리저리 휩쓸리던 약소국 제
노바에서 태어난 군인으로서의 운명이 아니었을까.

참고로, 이 시대에 제노바가 낳은 또 한 명의 역사적인 인물이
있다. 영어식 발음인 콜럼버스로 알려진 대양 제독 크리스토퍼 콜
롬보이다. 콜럼버스는 도리아보다 15년 이른 1451년 제노바 교외
에서 태어났다.

도리아와 콜럼버스는 둘 다 독실한 그리스도교 신자였다고 한
다. 중세적 세계관과 종교적인 열정을 동반한 행보로 새로운 시대
를 열었다는 것은, 역사의 흥미로운 대목이다.

카를 5세의 튀니스 원정

1535년 7월 도리아가 지휘하는 스페인 함대는 카를 5세를 태우
고 바르셀로나에서 튀니스를 향해 출항했다. 원정의 가장 큰 목적
은 하이르 앗 딘을 소탕해 서지중해에서 오스만 제국의 영향력을
배제하는 것이었다.

스페인 군은 국왕의 출정에 걸맞은 성대한 진용을 뽐냈다. 스페

그림 3-13 라굴레트 항에 대한 공격(프랑스 · 호헨베르크, 16세기)

인, 독일, 이탈리아, 포르투갈 등에서 모인 25,000명의 병사와 대
량의 대포와 포탄을 실은 함대는 대형 갤리선 90척, 범선 400척으
로 편성되었다. 스페인 함대는 사르데냐 섬에서 몰타 기사단의 함
대와 합류해 튀니스로 향했다.

한편, 오스만 제국의 북아프리카 총독 하이르 앗 딘도 튀니스의
라굴레트 항구의 요새를 강화해 스페인 함대에 맞설 태세를 갖추
었다.

마침내 스페인 함대가 튀니스 연해에 나타났다. 도리아의 호령
으로 스페인 함대는 라굴레트 항을 향해 거센 포격을 시작했다.
카를 5세는 해상 공격은 도리아에게 맡기고 자신은 군을 이끌고
라굴레트 근교에 상륙해 육상에서 요새를 공격했다.

바다와 육지에서의 포격은 3주나 계속되었다고 한다. 결국 라굴레트 요새 일부가 무너졌다. 몰타 기사단을 선두로 스페인 군이 들이닥쳐 격렬한 공방을 벌인 끝에 요새는 함락되었다.

라굴레트 항을 빼앗겼지만 그로부터 5킬로미터 남짓 떨어진 튀니스의 도시는 강고한 성벽과 1만여 명의 병사가 지키고 있었다. 그런데 이곳에서 이변이 일어났다. 튀니스의 그리스도교도 노예가 반란을 일으켜 하이르 앗 딘의 군대가 성내로 들어오지 못하게 문을 걸어 잠근 것이었다.

튀니스에서 쫓겨난 하이르 앗 딘은 4천 명의 병사와 함께 함대가 대기하고 있던 서쪽 도시로 도망갔다. 한편, 카를 5세는 별 어려움 없이 튀니스에 입성했다. 그 후, 튀니스에서는 약 2만 명의 그리스도교도 노예들이 풀려났다고 한다.

튀니스에서 후퇴한 하이르 앗 딘은 이내 30여 척의 갤리선단을 이끌고 스페인의 메노르카 섬을 침공해 마온의 도시를 약탈하고 6천여 명의 주민을 납치했다. 튀니스 원정으로 스페인 군의 방비가 허술했던 점을 노린 것이었다. 도리아는 곧장 하이르 앗 딘을 쫓아갔지만 그의 함대를 찾지 못했다.

하지만 스페인 측도 하이르 앗 딘의 해적 행위를 비난할 수만은 없을 것이다. 약탈 행위를 한 것은 하이르 앗 딘만이 아니었기 때문이다. 튀니스에 입성한 카를 5세의 군대는 사흘간 무자비한 약탈 행위를 했다. 튀니스 주민의 3분의 1이 죽고 3분의 1은 노예가 되었다고 한다.

그림 3-14 카를 5세의 튀니스 약탈

튀니스에서는 사전에 약속한 대로 하프스 왕조의 하산이 복위했다. 하지만 무자비한 학살을 벌인 스페인 군에 의해 왕위를 되찾은 하산의 통치가 잘 될 리 없었다. 튀니스 주변에서는 하산에 대한 반란이 잇따랐다. 하프스 왕조는 스페인 군의 지원으로 40년 가까이 유지되었지만 정작 하산은 자신의 뒤를 이은 아들에 의해 옥에 갇힌 채 생을 마감했다.

프레베자 해전

메노르카 섬을 약탈하고 알제로 돌아온 하이르 앗 딘은 튀니스 탈환을 목표로 재공략을 계획했다. 그리고 술레이만 1세에게 원군을 요청하기 위해 이스탄불로 향했다. 하이르 앗 딘의 갤리선단에는 술레이만 1세에게 헌상하기 위해 메노르카 섬에서 납치한 그리스도교도 노예들이 타고 있었다고 한다.

하지만 술레이만 1세는 하이르 앗 딘에게 튀니스가 아닌 남이탈리아 공격을 지시했다. 그리고 술레이만 1세는 하이르 앗 딘을 오스만 제국의 해군 사령관으로 임명했다.

레스보스 섬의 이름 없는 가문에서 태어난 하이르 앗 딘은 해적두목에서 알제의 지배자로 그리고 마침내 오스만 제국 해군의 정점에까지 오른 것이다.

하이르 앗 딘은 술레이만 1세의 명령에 따라 오스만 함대를 이끌고 남이탈리아로 향했다. 오스만 제국 해군의 총사령관이 되었지만 해적 출신인 그의 수법은 여전했다. 하이르 앗 딘의 오스만 함대는 남이탈리아 연안의 도시를 습격하고 약탈을 일삼았다. 결국 그의 해적 행위에 분개한 유럽 제국이 나섰다.

1538년 신성 로마제국, 베네치아 공화국, 로마 교황령 등은 오스만 함대를 격퇴하기 위해 신성 동맹을 결성하고 연합 함대를 편성했다. 연합 함대의 총사령관에는 도리아가 선출되었다.

이로써 하이르 앗 딘과 도리아는 또 다시 대결의 순간을 맞이한다. 레스보스 섬 출신 '해적'과 제노바 출신의 '용병대장'이 이슬람 세계와 그리스도교 세계의 운명을 손에 쥔 것이었다. 당시 하이르 앗 딘과 도리아는 모두 60세가 넘은 나이였다.

오스만 함대와 유럽 함대는 그리스 남서부의 아드리아 해 입구에 집결했다. 전력으로만 따지면 유럽 함대는 병사 6만 명과 함선 300척, 오스만 함대는 병사 2만 명과 함선 120척으로 유럽 측이 우세였다.

하이르 앗 딘은 유럽 함대가 코르푸 섬에 집결한 것을 알고 프레베자 만에서 기다렸다. 1538년 9월 25일 유럽 함대가 프레베자 만에 접근하자 오스만 함대도 전투태세에 돌입했다.

사흘간 서로의 동향을 살피다 28일 마침내 하이르 앗 딘이 먼저 유럽 함대를 공격했다.

그런데 유럽 함대의 총사령관 도리아는 전면전을 피하면서 전세가 불리해지자 아예 전선을 이탈해버렸다.

총사령관 도리아가 전투에 소극적이었던 이유로, 자신이 소유한 함선의 손실을 피하기 위해서였다거나 제노바의 구적仇敵 베네치아를 위한 전투에 열의가 없었다는 설 혹은 연합 함대였기 때문에 통일적인 작전 수행이 불가능했다는 등의 다양한 해석이 있다.

결국 양쪽 함대 모두 수척의 크지 않은 손실을 내는 것으로 해전은 막을 내렸다. 다만, 전력 면에서 우세했던 유럽 함대가 오스만 함대를 상대로 후퇴한 것은 사실이었다. 결과적으로 오스만 함대를 격퇴하려던 유럽 함대의 목적은 실패로 끝난 셈이다.

신성 동맹에 대한 불신이 깊어진 베네치아는 1540년 단독으로 오스만 제국과 평화조약을 맺는다. 그 후, 유럽 제국은 뜻을 모으지 못하고 오스만 제국에 대한 유럽의 신성 동맹은 목적을 이루지 못한 채 와해되었다.

카를 5세의 알제 원정

카를 5세가 튀니스를 공략했지만 알제는 여전히 해적들이 진을 치고 지중해에서 해적 행위를 벌였다. 알제를 통치한 사람은 하이르 앗 딘이 사르데냐를 습격했을 때 납치해 자식처럼 키운 하산이라는 인물이었다.

카를 5세는 또 다시 해적들의 거점이 된 알제 원정을 결의했다. 그리고 튀니스 원정을 성공시킨 도리아를 함대 사령관에 임명하고 자신도 직접 출정했다.

카를 5세가 이끄는 스페인 군은 튀니스 원정 때와 비슷한 대규모 진용을 갖추었다. 스페인의 기록에 따르면 병사가 2만 4천 명, 선원은 1만 2천 명이었다고 한다. 또 갤리선 65척, 수송선 400여 척으로 편성된 함대에는 대포와 포탄 거기에 군마 2만 필까지 실려 있었다. 터키의 연대기 작가는 알제 연해에 나타난 스페인 함대에 대해 '바다를 가득 메운 함대는 그 수를 헤아리는 것조차 불가능했다'는 수비대장의 이야기를 전했다.

1541년 10월 19일 카를 5세가 이끄는 스페인 함대는 마요르카 섬에서 알제로 출항했다. 당시 도리아는 출정에 반대했다고 한다.

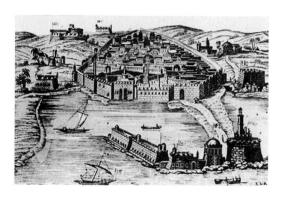

그림 3-15 16세기의 알제

여름이 지나고 잠잠하던 바다가 언제 변덕을 부릴지 알 수 없었기 때문이다.

결국 도리아의 우려는 현실이 되었다. 10월 24일 알제 연해에 도착한 스페인 함대는 갑작스러운 태풍에 휩쓸렸다. 스페인 함대는 전날인 23일 알제 상륙을 개시했지만 대부분의 함대는 해상에서 대기 중이었다.

카를 5세와 함께 상륙한 일부 스페인 군은 알제의 도시를 포위했다. 하지만 거센 비 때문에 화포를 쓰지 못하고 설상가상으로 탄약과 식량 등의 물자도 바닥난 스페인 군은 위기를 맞았다. 그런데 하필 그때 알제 성내에서 터키 군사들이 돌격해온 것이다. 스페인 군은 달아나고 카를 5세도 근교의 야영지로 후퇴했다.

다음 날 25일은 기상이 더욱 악화해 바다에는 폭풍이 불어 닥쳤다. 도리아의 제지에도 불구하고 다수의 함선이 국왕 카를 5세와 합류하기 위해 해안으로 다가가다 잇달아 좌초하거나 침몰했다. 이날만 함대의 약 3분의 1인 150여 척을 잃었다고 한다. 겨우 상륙한 스페인 병사들도 알제 군에 격퇴되었다.

불과 일주일 전 위풍당당하게 마요르카 섬을 출항한 스페인 함대의 사기는 크게 떨어지고 후퇴 말고는 다른 선택지가 없었다. 스페인으로서는 세 번째 굴욕이었다.

당시 알제 원정에 참가한 스페인 군인 중에는 에르난 코르테스도 있었다. 1521년 아스테카 왕국을 멸망시키고 누에바 에스파냐(멕시코) 총독의 지위를 얻은 정복자이다. 코르테스는 정치 대립으로 총독직을 잃고 1540년 스페인으로 돌아왔다.

그런 코르테스에게 알제 원정은 카를 5세에게 충성을 보이고 공을 세워 신대륙 총독의 지위를 되찾을 수 있는 절호의 기회였다. 코르테스는 도망가는 스페인 군대 안에서 끝까지 알제 철수에 반대했다고 한다. 스페인으로 돌아온 코르테스는 결국 총독의 지위를 회복하지 못한 채 알제 원정으로부터 6년이 지난 1547년 세비야 근교에서 62세의 나이로 생을 마쳤다.

오스만 · 프랑스 동맹

당시 피렌체의 외교관이었던 니콜로 마키아벨리는 1513년『군주론』을 완성했다. 마키아벨리의『군주론』은, 종교적 · 도덕적 가치관에 기반을 둔 중세의 정치사상에서 전환하여, 냉철한 계산을 토대로 한 근대적인 정치사상의 도래를 알린 저작이다.

예컨대, 군주의 신의에 대해 마키아벨리는 다음과 같이 썼다.

> 군주가 신의를 지키고 정직하여 얕은 수를 쓰지 않는 것이 얼마나 가상한 일인지는 누구나 잘 알고 있다. 그럼에도 불구하고 오늘날 우리가 경험한 바에 의하면, 위대한 과업을 이룩한 군주들은 그들이 약속한 바에 대해서는 신경 쓰지 않고 어떻게 하면 책략으로 사람들을 속일지를 잘 아는 군주야말로 결국에는 신의를 지킨 군주들을 능가한다.
>
> (마키아벨리 『군주론』 중에서)

마키아벨리의 주장은 앞 장에서 살펴본 아우구스티누스의 사상과는 대조적이다.

마키아벨리는 군주가 통치를 할 때 우선해야 할 것은 신의가 아닌 책략이라고 말한다. 즉, 아우구스티누스가 중시한 종교적·도덕적 원리 대신 질서 유지와 권력 그 자체에 가치를 둔 것이다.

그리고 이 시대에 마키아벨리즘을 실천한 인물이 프랑스 왕 프랑수아 1세였다. 프랑수아 1세는 카를 5세보다 6년 이른 1494년에 태어나 1515년에 프랑스 왕위를 계승한 발루아 왕조의 제9대 왕이다.

영광으로 점철된 카를 5세의 생애와 달리 프랑수아 1세의 생애

그림 3-16 프랑수아 1세(장 클루에, 1535년)

는 좌절로 가득했다. 그 시작은 1519년 신성 로마 황제 선거에서의 패배였다. 1525년 이탈리아의 파비아 전투에서는 스페인 군에 사로잡혀 마드리드에 유폐된다. 황제 선거에서 카를 5세에게 패했을 뿐 아니라 포로로 잡힌 것이었다.

이듬해, 프랑수아 1세는 이탈리아에 대한 프랑스의 권익을 포기하는 마드리드 조약에 서명을 하고 풀려나지만 프랑스로 돌아오자 이내 조약 무효를 선언했다. 그 후, 프랑스 군은 남이탈리아를 침공하지만 나폴리 공략 직전인 1528년 도리아의 배신으로 보급로가 끊기면서 남이탈리아에서 철수한 일은 앞서 이야기한 바 있다.

그리고 프랑수아 1세는 카를 5세에 대항하기 위해 놀랍게도 오스만 제국과 접촉한다. 카를 5세에 대항한다는 점은 같았지만 이슬람 세계의 맹주 오스만 제국과 그리스도교 세계는 숙적이었기 때문이다.

1532년 프랑수아 1세는 술레이만 1세에게 사절을 보내 우호 관계 구축을 꾀한다. 프랑스 왕은 술레이만 1세에게 매우 화려한 왕관을 선물했다고 한다.

이듬해인 1533년 이번에는 당시 알제 총독이었던 하이르 앗 딘의 특사가 프랑수아 1세를 방문했다. 프랑수아 1세는 하이르 앗 딘의 특사를 만나 프랑스와 알제의 우호 관계를 논의했다.

앞서 살펴보았듯이 이듬해인 1534년 여름 하이르 앗 딘은 튀니스를 공략한다. 하이르 앗 딘으로서는 북아프리카에서 스페인과 대항하기에 앞서 프랑스와 우호 관계를 맺는 것이 중요했다.

1535년 봄 프랑수아 1세가 보낸 사절이 튀니스를 공략한 하이르 앗 딘을 찾아왔다. 프랑수아 1세는 하이르 앗 딘에게 제노바와 시칠리아 공격을 요청했다.

마침 그때 카를 5세가 튀니스 원정에 나서면서 프랑수아 1세와 하이르 앗 딘의 공동 작전은 실현되지 않았다. 하지만 카를 5세의 튀니스 원정이 성공하면서 술레이만 1세의 위기감이 고조되고 결과적으로 오스만 제국과 프랑스는 더욱 가까워졌다.

1536년 프랑수아 1세는 이스탄불에 대사를 보내 술레이만 1세와 치외법권이 포함된 협정을 맺는다. 이 협정은 오스만 제국 내에 거주하는 외국인 이교도에 대해 통상, 주거, 면세 등의 우대 특권을 인정하는 내용이다. 이 협정으로 특권을 얻은 프랑스 상인은 제노바와 베네치아의 상인 대신 오스만 제국이 지배하는 동지중해로 진출했다.

프랑수아 1세는 오스만 제국과 통상 조약뿐 아니라 군사 동맹까지 체결했다. 프랑스는 북이탈리아를, 오스만 제국은 남이탈리아를 공격하는 것이 목적이었다.

하이르 앗 딘이 튀니스를 재공략하기 위해 술레이만 1세에 지원을 요청한 것은 이 동맹이 체결된 직후였다. 앞서 살펴본 것처럼, 술레이만 1세는 하이르 앗 딘에게 튀니스가 아닌 남이탈리아 공격을 지시했다. 술레이만 1세의 지시에 따라 남이탈리아를 습격한 하이르 앗 딘의 행동이 유럽 제국을 자극해 신성 동맹 결성의 계기가 되고 프레베자 해전으로 발전한 것도 이미 이야기했다.

프랑스가 프레베자 해전에서 유럽의 신성 동맹에 가담하지 않은 것도 당연하다. 프레베자 해전은 이슬람 세계와 그리스도교 세계의 충돌이라는 중세적 종교전쟁의 측면이 있지만 실제로는 카를 5세와 프랑수아 1세 그리고 술레이만 1세가 지중해의 패권을 두고 벌인 전쟁이라는 것이 정확한 해석일 것이다.

그림 3-17 오스만 · 프랑스 연합 함대의 니스 공격(마트락츠 나수흐, 16세기)

오스만 · 프랑스 합동작전

1542년 이탈리아를 둘러싼 카를 5세와 프랑수아 1세의 전쟁이 다시 불거지면서 마침내 프랑스와 오스만 함대의 합동작전이 실행되었다.

합동작전을 위해 오스만 함대를 이끌고 마르세유로 온 것은 오스만 제국의 해군 총사령관이 된 하이르 앗 딘이었다. 이스탄불을 출발한 하이르 앗 딘의 함대는 지중해를 건너 프랑스로 향하는 도중 이탈리아 연안을 습격했다. 마르세유에 도착한 하이르 앗 딘

함대의 화물창에는 그리스도교도 노예들이 가득 타고 있었다고 한다.

프랑수아 1세의 환영을 받으며 마르세유에 도착한 오스만 함대는 프랑스 함대와 합동작전을 펼쳤다. 양측 함대는 근교의 니스를 공격하지만 몰타 기사단이 주둔한 요새 함락에 실패하고 남프랑스의 툴롱 항으로 퇴각했다.

하이르 앗 딘은 툴롱이 마음에 들었는지 이 항구에 1년 넘게 머물며 부하들을 시켜 이탈리아, 스페인 등지를 습격했다. 오스만 함대가 약탈을 끝내고 툴롱 항으로 돌아오면 하이르 앗 딘은 잡혀온 그리스도교도 노예를 수송선에 태워 알제로 보냈다고 한다. 툴롱이 무슬림 해적의 거점이 된 것이다.

이쯤 되면 프랑수아 1세도 마음이 편치 않았을 것이다. 프랑스인 노예의 석방을 구실로 하이르 앗 딘에게 큰돈을 치르고 보석 따위의 선물과 이스탄불까지 가는 선원들의 급료와 식량까지 준비해 겨우 하이르 앗 딘을 툴롱에서 내보냈다. 하이르 앗 딘은 프랑스를 떠나면서도 남이탈리아 연안을 약탈하고 그리스도교도 노예를 가득 실어 이스탄불로 돌아갔다고 한다. 그리고 2년 후인 1546년 하이르 앗 딘은 이스탄불에서 생을 마쳤다.

몰타 포위전

하이르 앗 딘의 후계자들은 여전히 지중해에서 해적질을 했지만 카를 5세는 거듭된 알제 원정 실패로 넌더리가 났는지 더는 북아프리카 원정을 시도하지 않았다.

스페인 대신 북아프리카의 무슬림 해적과 대립한 것은 로도스 섬에서 쫓겨나 1530년 카를 5세에게 받은 몰타 섬에 정착한 성 요한 기사단이었다. 몰타 기사단이라고도 불린 성 요한 기사단의 함대는 이슬람과의 전쟁을 구실로 북아프리카의 배와 연안 도시를 습격하고 약탈을 일삼았다. 몰타 섬은 무슬림 노예 거래의 중심지였다고 전해진다. 북아프리카의 입장에서 보면, 몰타 기사단은 명백한 해적이었다.

술레이만 1세는 몰타 공략을 위해 190척의 함대 편성을 지시하고 1565년 28,000명의 터키 군사를 파견했다. 몰타 섬의 수비병은 기사단원 600여 명, 용병 6,000여 명, 몰타 섬 주민 약 3,000명이었다.

1565년 5월 19일 오스만 함대는 몰타 섬 남쪽의 마샤슬록 항에 들어섰다. 오스만 군은 해로와 육로를 통해 기사단이 지키는 동쪽의 성 엘모 요새로 진군했다. 오스만 군의 총사령관은 술탄이 임명한 무스타파 파샤였지만 실제 함대를 지휘한 것은 이후 레판토 해전에도 참가한 우르크 알리 등의 해적들이었다.

한편, 몰타 기사단 단장은 프랑스 출신의 기사 장 파리소 드 라 발레트였다. 라 발레트는 무슬림 해적의 포로로 잡혀가 갤리선에

그림 3-18 몰타 섬의 성벽

서 노 젓는 일까지 했던 불굴의 기사였다. 라 발레트는 70세라는 나이가 무색하게 여전히 제일선에서 군을 지휘했다.

5월 27일 곶 끝에 위치한 성 엘모 요새에 포탄이 빗발처럼 쏟아졌다. 한 달 후에는 트리폴리의 총독 드라구트가 성 엘모 요새 공격에 가세했다.

드라구트는 하이르 앗 딘이 등용한 해적으로, 그 역시 과거에 스페인 군의 포로로 붙잡힌 일이 있었다. 도리아 함대의 갤리선에서 노 젓는 일을 하던 그를 구출한 것은 당시 프랑스 툴롱에 거점을 두고 활동하던 하이르 앗 딘이었다.

드라구트가 도착하고 점점 공세를 더해가던 오스만 군은 6월 23일 무너진 성벽을 뚫고 요새 안으로 들어갔다. 그날로 성 엘모 요새가 함락되었다.

요새를 장악했지만 오스만 군도 피해가 컸다. 6,000여 명이 희생되고 드라구트도 대포 파편에 맞아 전사했다. 한편, 라 발레트가 지키는 성 안젤로 요새와 성 미카엘 요새는 여전히 저항하고 있었다.

7월 8일 알제 총독 하산이 파견한 약 2,500명의 병사를 실은 함대가 몰타 섬에 도착했다. 기사단 측도 시칠리아에서 병사 약 600명을 실은 갤리선 4척이 도착해 요새 수비에 가세했다.

양측의 공방은 매우 격렬했지만 9월 들어 시칠리아에서 보낸 원군이 몰타 섬에 도착하자 오스만 군의 사령관 무스타파 파샤는 몰타 공략을 단념하고 철수 명령을 내렸다. 9월 13일 오스만 군은 철수했다.

레판토 해전

몰타 공략을 단념한 오스만 제국은 이번에는 동지중해의 키프로스 섬으로 눈을 돌렸다. 베네치아의 지배를 받고 있던 키프로스 섬은 지중해 교역의 중심이었던 베네치아에는 생명줄이나 다름없는 거점이자 유럽으로서도 동지중해에 남은 최후의 거점이었다. 베네치아는 로마 교황 피우스 5세(재위 1566년~1572년)를 움직여 스페인, 베네치아, 로마 교황청, 몰타 기사단으로 구성된 신성 동맹을 재결성했다.

스페인에서는 1558년 세상을 떠난 카를 5세의 뒤를 이어 그의 친아들 펠리페 2세(재위 1556년~1598년)가 즉위했다. 펠리페 2세는 피우스 5세의 요청을 받아들여 함대를 파견했다. 사령관에는 안드레아 도리아의 조카 장 안드레아 도리아가 임명되었다.

1570년 오스만 함대의 10만 대군이 키프로스 섬으로 진격했다. 그런데 신성 동맹 사령관 도리아는 펠리페 2세의 지령이 없었다는 이유로 집결지인 크레타 섬으로 가지 않고 시칠리아 섬에서 대기했다. 프레베자 해전과 같이 스페인으로서는 경쟁국 베네치아를 위해 적극적으로 나설 이유가 없었다고도 생각된다.

9월 13일 도리아는 시칠리아를 떠나 동지중해의 크레타 섬으로 향했다. 하지만 출발 나흘 전인 9월 9일에 이미 키프로스 섬의 중심 도시 니코시아가 오스만 군에 함락되었다.

결국, 도리아의 함대는 키프로스 섬에 상륙하지 않고 크레타 섬으로 돌아왔다. 신성 동맹 함대는 바다가 거칠어지는 겨울을 앞두고 해산했다. 프레베자 해전의 실패가 되풀이된 셈이다.

이듬해 피우스 5세의 주도로 또 다시 연합 함대가 꾸려졌다. 이번에는 베네치아의 요구로 카를 5세의 서자이자 펠리페 2세의 이복동생인 돈 후안 데 아우스트리아가 총사령관을 맡았다. 연합 함대는 갤리선 200여 척과 거대한 대포를 탑재한 대형 갤리선 6척 등으로 편성되었으며 절반은 베네치아의 함선이었다.

한편, 오스만 제국의 술탄은 술레이만 1세의 아들 셀림 2세였다. 프레베자 해전을 벌인 술레이만 1세와 카를 5세의 전쟁이 아

그림 3-19 레판토 해전

들 대까지 이어진 것이다.

오스만 함대의 총사령관은 술탄의 측근인 알리 파샤가 임명되었으며 함대 좌익은 알제 총독 우르크 알리가 지휘를 맡았다. 몰타 섬 원정에도 참가했던 우르크 알리는 남이탈리아의 작은 마을에서 서민의 아들로 태어났다. 소년 시절 알제 해적에게 납치되어 갤리선에서 노 젓는 노예로 일하다 이슬람으로 개종해 이름을 우르크 알리로 바꾸고 해적 두목이 되었다. 그리고 하이르 앗 딘과 마찬가지로 알제 총독의 지위에까지 오른 것이다.

한편, 연합 함대의 우익에는 키프로스 원정 당시 사령관을 맡았던 안드레아 도리아의 조카 장 안드레아 도리아가 있었다.

1571년 9월 16일 출발이 늦어진 신성 동맹의 연합 함대는 시칠리아의 메시나를 출항해 아드리아 해의 코르푸 섬에 도착했다. 연합 함대는 오스만 함대가 남서쪽 레판토에 정박해 있다는 정보를 입수하고 10월 3일 코르푸 섬에서 레판토를 향해 출발했다. 10월 7일 레판토 연해에 도착한 연합 함대는 항구 어귀에서 공격 태세를 갖추었다.

한편, 오스만 함대 측도 연합 함대가 접근하자 공격 태세를 갖추었다. 연합 함대는 200여 척, 오스만 제국의 함대도 소형 갤리선이 많기는 하지만 300여 척에 이르렀다. 양측의 병사와 선원까지 약 20만 명이 충돌하는 지중해 최대의 해전이 시작되었다.

처음 전투를 개시한 것은 오스만 함대였다. 일렬로 늘어선 오스만 함대는 연합 함대의 진영으로 정면 돌격했다. 그리고 베네치아의 대형 갤리선에서 퍼붓는 대포를 뚫고 유럽 함대의 진영까지 돌입했다.

격렬한 전투가 벌어졌다. 전선 북쪽에서는 베네치아의 갤리선단이 교묘하게 진형을 바꾸는 전술로 오스만 함대를 유인해 좌초시켰다. 전선 남쪽에서는 도리아가 정면충돌을 피하며 함대를 남쪽으로 물렸다. 대적하던 우르크 알리의 함대는 도리아의 함대를 쫓지 않고 연합 함대의 본대를 급습했다. 하지만 도리아의 함대가 되돌아와 우르크 알리의 함대를 포위하자 우르크 알리는 전선을 이탈해 도망갔다. 해군의 수장으로서는 비난 받을 수 있는 행동이지만 불리한 순간에는 일단 도망치는 것이 해적의 정석이다.

본대에서는 갤리선들이 서로 충돌해 격렬한 접근전을 벌였다.

함선을 맞대고 무장한 병사들이 적선에 올라타 전투를 벌였다. 이때 오스만 함대의 총사령관 알리 파샤가 총격을 받고 쓰러졌다. 사령관을 잃은 오스만 함대는 급격히 무너졌다. 당시 오스만 제국 측의 희생자는 2~3만 명, 유럽 측의 희생자는 7~8천 명에 달했다고 한다.

레판토 해전 이후 지중해에는 16세기 전반 패권 다툼을 벌이던 술레이만 1세와 카를 5세는 물론이고 프랑수아 1세와 하이르 앗딘 그리고 안드레아 도리아도 없었다. 프랑수아 1세는 카를 5세를 쓰러뜨리지 못했고 카를 5세도 알제 원정에 실패한 이후 북아프리카 정복을 단념했다. 프레베자 해전에서 승리를 거둔 술레이만 1세도 몰타 공략이 좌절되면서 지중해 지배에 실패한다. 결국, 어느 나라도 지중해의 패권을 장악하지 못한 채 혼돈 혹은 힘의 균형이라고도 할 수 있는 상태가 이어진다.

한편, 15세기 오스만 제국의 지중해 진출은 베네치아, 제노바 등이 주도하던 지중해 교역의 정체를 초래했다. 동방 무역의 통상로가 끊긴 유럽 제국이 독자적인 통상로를 모색한 결과 인도로의 신항로 탐험의 발단이 된 대항해 시대의 막이 열렸다.

세르반테스『돈키호테』

레판토 해전 당시 스페인 군으로 참전했던 동시대 작가가 있다. 『돈키호테』의 저자 미겔 데 세르반테스(1547년~1616년)이다.

세르반테스는 1547년 스페인 중부의 알칼라 데 에나레스에서 하급 귀족 가문의 4남 3녀 중 차남으로 태어났다. 아버지는 외과 의사였지만 형편이 어려워 각지를 전전하며 살았기 때문에 제대로 된 교육을 받지 못했다고 한다.

1569년 22세의 세르반테스는 로마로 건너가 이듬해 나폴리의 보병연대에 입대했다. 그리고 1571년 가을 갤리선을 타고 레판토 해전에 참전했다.

세르반테스는 레판토 해전에서 가슴에 2발, 왼팔에 1발의 총탄을 맞아 왼팔을 쓰지 못하게 되었다. 하지만 세르반테스는 레판토 해전에서의 경험을 평생 자랑으로 여긴 듯 그의 저서 『돈키호테』의 후편 서문에는 다음과 같이 쓰여 있다.

제 상처가 그것을 보는 사람들 눈에 빛나 보이진 않겠지만 적어도 이 상처를 어디서 얻었는지 아는 사람이라면 이를 높이 평가하고 존중할 것입니다. 군인이 전장에서 도망쳐서 무사한 것보다 전장에서 죽는 것이 훨씬 훌륭한 일이라고 생각하기 때문입니다. 이것이 제 확고한 신념입니다. 만일 지금 과거를 바꿀 수 있다고 해도 저는 전쟁에 참전하지 않고 무사한 것보다 그 격전의 한복판에 있기를 택하겠습니다. 군인의 얼굴과 가슴에 입은 상처는 다른 사람들을 명예로운 천국으로, 정당한 칭송을 받는 천국으로 인도하는 별입니다.

(세르반테스 『돈키호테』 후편 중에서)

그림 3-20 알제의 노예 시장(안 라이켄, 1684년)

세르반테스는 레판토 해전이 끝난 후 퇴역했다. 그는 동생 로드리고와 함께 스페인으로 돌아가기 위해 갤리선에 올랐지만 해상에서 해적의 습격을 받고 알제로 끌려갔다.

귀국 후 관직을 얻기 위해 지니고 있던 레판토 해전의 총사령관 돈 후안 데 아우스트리아와 나폴리 총독의 추천장을 본 알제의 해적이 그를 대단한 귀족으로 오해하고 거액의 몸값을 요구한 것이다. 결국 세르반테스는 5년간 알제에서 노예 생활을 했다.

당시 알제의 노예들은 굵은 쇠사슬과 족쇄가 채워진 채로 수용소에 갇혀 지냈으며 낮에는 채석이나 토목 공사 등의 중노동을 해야 했다.

노예 생활 중에도 세르반테스의 대담함은 돋보였다고 한다. 그는 감시의 눈을 피해 여러 번 탈출을 시도했다.

도망치다 붙잡힌 노예는 처형당하는 것이 보통이였지만, 세르반

그림 3-21 미겔 데 세르반테스

테스를 큰돈을 받을 수 있는 귀족으로 오해했기 때문인지 혹은 알제의 지배자 하산 파샤가 그의 담력을 인정해서였는지 목숨을 부지할 수 있었다. 1580년 스페인 수도사의 도움으로 몸값을 치르고 풀려났다. 세르반테스는 발렌시아로 향하는 배를 타고 10년여 만에 고향으로 돌아갔다.

하지만 귀국한 세르반테스를 기다리는 것은 레판토 해전에서 용감히 싸우다 부상을 입고 알제에서는 노예로 온갖 고초를 겪으면서도 불굴의 정신으로 버텨낸 영웅적 인물에 걸맞은 생활이 아니었다.

세르반테스는 기대했던 포상이나 관직을 얻지 못하고 궁핍한 생활을 하며 극작가로서 길을 걷는다. 하지만 작가로서도 인정받지 못하고 스페인 함대의 물자 조달관이나 세금 징수관 등의 말단 관리로 근근이 생계를 꾸려나갔다.

엎친 데 덮친 격으로 그의 신변에 불운한 사건이 일어났다. 징수한 세금을 맡겨놓은 은행이 파산하면서 국고의 손실을 메우지 못한 세르반테스는 감방 신세를 지게 되었다. 인생의 밑바닥까지 떨어진 세르반테스는 출옥 후 58세의 나이에『돈키호테』를 출간했다.

『돈키호테』는 주인공인 노년의 향사 아론소 기하노가 중세의 기사도 이야기를 탐독한 나머지 자신을 중세 기사라 믿고 시대착오적인 이상과 정의를 내세우며 한바탕 소동을 벌이는 이야기이다.

『돈키호테』는 단순히 우스꽝스러운 희극이 아니다. 아무도 이해해주지 않아도 당당히 자신의 길을 가는 돈키호테의 모습이 많은 불운을 겪으면서도 꿋꿋이 자신의 인생을 살아간 세르반테스의 모습과 겹쳐지며 인생의 비애와 함께 인간의 의지와 강한 신념에 대해 생각하게 한다.『돈키호테』가 시대를 뛰어넘어 많은 이들의 마음을 사로잡는 이유는 작품에 내포된 그런 빛나는 인간성에 있는 것이라 여겨진다.

세계 역사상, 레판토 해전이 끝나고 시대는 기사들이 살았던 중세에서 부와 패권을 둘러싸고 유럽 제국이 서로 다투는 새로운 시대를 향해 가고 있었다. 그리고 세계사의 중심은 지중해에서 신세계로 옮겨간다.

제4장
해적의 황금기

그림 4-1 대양 제독 콜럼버스(리돌포 기를란다이오, 1520년)

신대륙 발견

콜럼버스는 1451년 제노바 근교의 한 모직물 업자의 집에서 태어났다.

어릴 때부터 아버지의 일을 도우며 지중해 교역에 몸담았던 콜럼버스는 20대 중반 포르투갈의 리스본으로 이주해 그곳을 거점으로 잉글랜드, 아일랜드, 서아프리카 등지로 항해를 했다. 동양으로 가는 서회 항로를 구상하던 것도 그 무렵이었다.

1483년 콜럼버스는 포르투갈 왕 주앙 2세에게 서회 항로로의 원정 계획을 제안했다. 하지만 포르투갈은 이미 15세기 전반의 엔리케 왕자 시대부터 아프리카 서안 항로의 개척 사업을 벌이고 있었기 때문에 서회 항로에 관한 콜럼버스의 제안은 받아들여지지 않왔다.

당초 포르투갈은 아프리카 연안을 탐험할 때 맞바람에 강한 삼 각돛을 단 소형 범선 카라벨 선을 이용했으나 이후 대양 항해에 적 합한 가로돛을 단 카라크 선이 개발되는 등 이 시기에 소형 범선의 항해 능력이 향상되었다. 카라크 선은 콜럼버스, 바스코 다 가마, 마젤란 등의 탐험 항해에도 이용되었다.

콜럼버스는 자신의 제안이 받아들여지지 않자 1485년 스페인으 로 이주한다. 이듬해 이사벨 여왕(재위 1474년~1504년)을 만나 서회 항로로의 원정 계획을 직소했다. 이사벨 여왕은 위원회를 열어 콜 럼버스의 계획을 검토했지만 위원회의 부정적인 의견으로 계획은 승인되지 않았다. 콜럼버스는 프랑스와 잉글랜드에 제안하고 또 한 번 포르투갈 왕실에도 지원 요청을 했지만 어느 곳에서도 바라 던 답을 얻지 못했다.

하지만 스페인의 상황이 콜럼버스를 도왔다. 1492년 그라나다 왕국을 함락하고 이베리아 반도에서 레콘키스타를 완수한 스페인 의 이사벨 여왕은 콜럼버스가 제안한 원정 계획을 승인하고 협약 을 맺었다.

협약 내용은 콜럼버스가 발견한 섬과 대륙의 부왕 혹은 총독의 지위를 인정하고 교역으로 얻은 재산의 10분의 1을 약속하는 등 그의 요구를 전면적으로 수용한 내용이었다. 콜럼버스는 이 조건 을 절대 양보하지 않았다고 한다. 또 콜럼버스의 계획 중에는 스 페인에 거주하는 제노바 상인에 대한 지원도 있었다고 한다.

그림 4-2 콜럼버스 선단의 모형(왼쪽부터 산타 마리아, 핀타, 니냐 호)
(하바나 레알 푸에르사 요새 박물관)

1492년 8월 3일 콜럼버스는 스페인의 팔로스 항을 출발해 동양 원정에 나섰다. 기함 산타 마리아 호와 핀타 호 그리고 니냐 호 3 척에 선원 90명으로 이루어진 선단이었다. 그리고 이 작은 선단이 약 2개월 후인 10월 12일 그들이 산살바도르 섬이라고 이름 붙인 카리브 해 바하마 제도의 와틀링 섬을 발견한 것을 시작으로 쿠바 섬, 히스파니올라 섬 등 카리브 해의 여러 섬들에 도달하게 된다.

잘 알려져 있듯 콜럼버스는 아메리카 대륙을 찾아 항해에 나선 것이 아니었다. 콜럼버스의 목표는 카타이(중국), 지팡구(일본) 등의 동양이었다. 히스파니올라 섬에 도달한 콜럼버스는 주민들에게 시바오라는 금광이 있다는 말을 듣고 그 섬이 마르코 폴로의 『동방견문록』에 나오는 황금이 나는 땅 지팡구라고 확신했다.

라스 카사스 신부가 축약한 콜럼버스의 항해일지의 기록에는 12월 24일 섬의 원주민들과 다음과 같은 대화가 오갔다고 한다.

> 한 원주민이 금광이 있는 곳을 알려주겠으니 함께 가자고 해 제독은 크게 기뻐했다. 그는 친구인지 친척인지 모를 사람과 함께 왔는데 그 두 사람이 황금이 나는 장소에 관해 이야기하다 지팡구를 언급했다. 그들은 그 땅을 시바오라고 불렀는데 그곳에서 어마어마한 황금이 나서 추장은 황금으로 만든 머리 장식을 쓰고 있다고 했다. 그들은 그 섬이 동쪽으로 멀리 떨어진 곳에 있다고 말했다.
>
> (크리스토퍼 콜럼버스『콜럼버스 항해록』중에서)

그런데 이 '지팡구'를 발견한 다음 날 산타 마리아 호가 히스파니올라 섬의 북부 연해에서 좌초하고 말았다. 콜럼버스는 선원 39명을 연안에 구축한 요새에 남겨두고 금을 찾게 한 뒤 일단 스페인으로 돌아갔다.

콜럼버스의 운명

1493년 3월 팔로스 항으로 돌아온 콜럼버스는 이사벨 여왕을 알현하고 항해 보고를 했다. 스페인은 콜럼버스의 서회 항로 발견에 열광했다. 금세 원정 자금을 모은 콜럼버스는 9월 말 제2차 항해

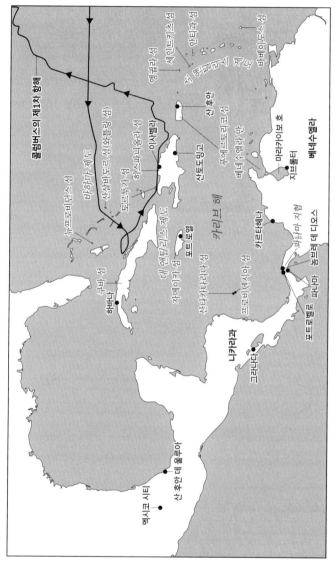

그림 4-3 카리브 해, 중남미 지도

에 나섰다. 이번에는 17척의 선단에 이주자 1,500명을 싣고 떠나는 항해였다.

하지만 콜럼버스가 히스파니올라 섬에 도착했을 때 스페인의 요새는 불타고 남아 있던 선원들의 모습은 보이지 않았다. 스페인 선원들의 거듭된 약탈과 강간에 분노한 원주민들에게 몰살당한 것이었다.

콜럼버스는 새로운 식민도시를 만들어 이사벨라라는 이름을 짓고 그 곳을 거점으로 금광을 찾아 나섰다. 하지만 수개월 후에도 별다른 성과를 얻지 못했다. 황금은커녕 식민도시의 식량 부족 문제로 이주민들의 불만이 높아져갔다. 1494년 4월 콜럼버스는 동생 디에고에게 이사벨라의 통치를 맡기고 항해에 나섰다.

자메이카 섬과 쿠바 섬을 탐색하고 9월에 이사벨라로 돌아온 콜럼버스는 식민지 상황이 악화된 것을 알게 된다. 결국, 기대했던 황금을 찾지 못하고 식민지 경영에도 실패한 콜럼버스는 1496년 6월 이사벨 여왕에게 상황을 설명하기 위해 귀국한다.

스페인에서는 콜럼버스에 대한 악평이 들끓었다. 빈약한 원정 성과뿐 아니라 제노바인 콜럼버스에게 부여된 총독직에 대한 시기도 있었을 것이다. 콜럼버스가 항해 준비를 마치고 제3차 원정에 나선 것은 2년 후인 1498년 5월이었다. 이번에는 이주민도 많이 모이지 않아 6척만으로 출항했다.

콜럼버스는 제3차 항해에서 더 먼 남쪽까지 항해해 남미 베네수엘라를 발견하는 지리적 성과를 거두었다. 하지만 히스파니올라 섬의 산토도밍고에 도착한 콜럼버스를 기다리는 것은 뜻밖의 처사였다. 식민지 경영 조사를 위해 스페인 왕실에서 파견한 프란시스코 데 보바디야가 콜럼버스를 쇠사슬에 채워 스페인으로 송환한 것이다.

1500년 10월 콜럼버스는 스페인의 두 왕(이사벨 1세와 페르난도 2세)을 알현한다. 두 왕은 콜럼버스에 대한 처사가 부당함을 인정하고 관계자들의 처분을 약속했지만 1501년 9월 니콜라스 데 오반도를 히스파니올라 섬의 총독으로 임명했다. 협약에 규정된 신대륙에 대한 콜럼버스의 권리를 빼앗은 것이다.

1502년 3월 콜럼버스는 제4차 항해 허가를 받지만 히스파니올라 섬 기항은 금지되었다.

1502년 5월 콜럼버스는 4척의 선단으로 제4차 항해에 나섰다. 콜럼버스의 선단은 코스타리카와 파나마 등 중미 동부 연안에 도착하지만 중간에 배 두 척을 잃은 데다 자메이카에서 배가 좌초해 1년 가까이 자메이카에 머물 수밖에 없었다. 1504년 8월 구조선을 타고 겨우 산토도밍고에 도착했지만 그곳에는 이미 새로 파견된 총독 오반도가 있었다. 콜럼버스는 9월에 산토도밍고를 떠나 11월 스페인으로 돌아왔다. 그리고 이것이 콜럼버스의 마지막 항해가 되었다. 같은 해 11월 콜럼버스를 지원해준 이사벨 여왕이 세상을 떠났다. 콜럼버스는 끝내 스페인 왕을 알현하지 못하고 1506년 5월 스페인의 바야돌리드에서 생을 마감했다.

스페인의 약탈

콜럼버스의 신대륙 발견으로 유럽인들은 황금을 찾아 카리브 해와 아메리카 대륙으로 몰려들었다. 동시에 신대륙에 대한 유럽인들의 약탈이 시작되었다.

제1차 항해에서 히스파니올라 섬에 도착한 콜럼버스는 섬 주민들에 대해 다음과 같은 인상을 남겼다.

> 인디오들은 모두 벌거벗고 돌아다니고 무기는커녕 그것을 다룰 능력도 없습니다. 그들은 겁이 무척 많아서 천 명이 덤벼도 우리 선원 셋을 막을 수 없을 정도입니다. 그러니 그들을 부려 작물 재배를 비롯한 여러 가지 일을 할 수 있을 것입니다. 그들에게 촌락을 짓게 하고 옷을 입고 지내도록 우리의 관습을 가르쳐야 합니다.
>
> (크리스토퍼 콜럼버스 『콜럼버스 항해록』 중에서)

이처럼 순박한 원주민들이 사는 히스파니올라 섬에서도 스페인인의 약탈을 계기로 반란이 일어나고 요새가 불타버린 일은 앞서 이야기한 바 있다. 그 후로도 스페인인의 약탈과 강간 그리고 원주민들의 노동 착취가 반복되면서 반란은 끊이지 않았다. 상황을 더욱 악화시킨 원인 중에는 스페인 왕실이 인정한 엔코미엔다En-comienda 제도가 있었다.

엔코미엔다 제도는 스페인 왕실이 식민지 정복자들에게 원주민의 노동력을 이용할 권한을 인정한 제도이다. 대신, 정복자들은 원주민 보호와 그리스도교 교화의 책임을 다해야 했지만 오로지 일확천금에만 관심이 있었던 그들은 원주민을 노예처럼 부리고 토목 공사와 광산 개발 등에 이용했다.

유럽인들이 퍼트린 역병까지 돌면서 원주민들의 인구는 크게 줄어들었다. 카리브 해역에서는 1492년 300만 명 가까이 있던 원주민들이 30년 후에는 10여만 명으로 크게 줄었다는 추산도 있다.

한편, 정복자로 불리던 스페인인은 군단을 꾸려 아메리카 대륙 정복에 나섰다.

예컨대, 1504년 히스파니올라 섬으로 건너가 1511년 디에고 벨라스케스와 함께 쿠바 섬 정복에 참가한 에르난 코르테스는 1519년 약 600명의 부하를 이끌고 중미로 향했다. 코르테스는 아스테카 왕국으로 진군해 1521년 아스테카 왕국을 멸망시켰다.

스페인 왕실도 그들의 정복 활동을 용인하고 1522년 스페인 국왕은 코르테스를 누에바 에스파냐(멕시코) 총독으로 임명했다. 그후 정치 대립으로 직위를 잃고 국왕에게 지위 회복을 청하기 위해 귀국해 카를 5세의 알제 원정에 참가한 일은 앞 장에서 살펴본 바 있다.

1532년에는 180여 명의 부하를 거느린 정복자 프란시스코 피사로가 남미 페루의 잉카 제국을 침략해 1만 명에 이르는 인디오를 학살하고 황금 유물을 빼앗은 뒤 끝내 제국을 멸망시켰다. 이 밖에도 카리브 해역과 아메리카 대륙 각지에서 유럽인들의 원주민

학살과 부의 약탈 그리고 노동력 착취는 끊이지 않았다.

라스 카사스의 고발

　스페인 정복자들의 무도한 약탈 행위를 스페인 왕실에 고발한 인물이 있다. 바르톨로메 데 라스 카사스(1474년~1566년)이다.

　1502년 그리스도교 선교사로 히스파니올라 섬으로 건너간 라스 카사스는 현지에서 벌어지는 무도한 행위를 목격했다. 그는 스페인 국왕을 알현해 그 실태를 고발하고 원주민들의 처우 개선과 정복 활동 중지를 호소했다.

　라스 카사스의 『인디언 파괴에 관한 간결한 보고』에는 스페인인들이 벌인 온갖 참상이 그려져 있다. 예컨대, 히스파니올라 섬에서의 상황은 다음과 같았다.

　　히스파니올라 섬은 인디어스로 건너간 그리스도교도들이 처음 도착해 원주민들에게 막대한 피해를 입히고 파괴를 저지른 곳이자 인디어스에서 가장 먼저 파괴되고 황폐화된 장소이기도 하다.

　　그리스도교도들은 먼저 인디언 여자와 아이들을 노예로 부리고 학대했으며 인디언들이 땀 흘려 얻은 것을 빼앗았다. 인디언들은 각자 가능한 범위에서 자발적으로 그리스도교도들에게 주었지만 그들은 그것만으로는 만족하지 않았다. ……

그리스도교도들은 인디언들의 얼굴을 주먹으로 때리고, 두들겨 패고, 몽둥이질 하였고 인디언 지도자들에게까지 폭력을 행사했다. ……그리스도교도들은 말을 타고 칼과 창을 휘두르며 인디언들을 상대로 전대미문의 살육과 잔혹한 행위를 서슴지 않았다. ……인디언들 중에는 잔학무도하고 피도 눈물도 없이 광기에 사로잡힌 야수와 같이 모든 인류를 몰살하는 가장 흉악한 적인 그리스도교도들로부터 달아나는 이들도 적지 않았다. 그들은 모두 산과 험한 바위 사이에 숨었다. 그러자 그리스도교도들은 사나운 사냥개를 시켜 인디언들을 찾아내게 하고 그들을 발견하면 갈가리 찢어놓도록 훈련시켰다. ……

매우 드물었지만 인디언들이 정당한 이유와 신의 정의에 근거해 몇몇 그리스도교도를 죽인 일이 있었다. 그리스도교도들은 그것을 구실로 인디언이 그리스도교도 한 사람을 죽이면 그리스도교도는 인디언 100명을 죽이도록 한 법을 만들었다.

(라스 카사스『인디언 파괴에 관한 간결한 보고』중에서)

바다를 건너와 원주민들을 학살하고 왕국을 멸망시키며 부를 약탈하는 스페인인은 원주민들에게는 해적이나 다름없었다. 그리고 그것은 인류 역사상 최대의 해적 행위였다.

부의 쟁탈전

콜럼버스의 신대륙 발견으로, 새로운 영토를 둘러싼 국제적인 영유권 문제가 불거졌다.

1493년 스페인 출신의 로마 교황 알렉산데르 6세는 대서양에 스페인과 포르투갈의 영유 구분선을 설정했다. 하지만 이에 불만을 품은 포르투갈은 이듬해 스페인과 토르데시야스 조약을 체결했다. 토르데시야스 조약에서는 현재의 서경 약 50도를 경계로 동쪽을 포르투갈의 영유, 서쪽을 스페인의 영유로 규정했다. 당시 포르투갈은 아메리카 대륙에 진출하지 않은 상태였지만 이 조약 이후 브라질에 식민지를 건설했다.

앞서 살펴보았듯이, 당초 신대륙 탐험과 통치는 콜럼버스, 코르테스, 피사로 등의 모험가와 정복자들이 맡고 있었지만 신대륙의 자원이 잇따라 발견되면서 머지않아 스페인 왕실이 직접 관리하게 되었다. 스페인 왕실은 식민지와의 무역항을 세비야 한 곳으로 한정하고 사람과 물자의 출입을 관리하는 통상원을 설치했다. 또 왕실에서 파견한 인물에 의해 콜럼버스와 코르테스가 부왕 및 총독의 지위에서 밀려난 것은 앞서 이야기한 바 있다.

카리브 해의 히스파니올라 섬에서는 당초 사금이 발견되면서 개발이 이루어졌지만 1515년경에는 일찌감치 자원이 고갈되고 말았다. 또 다른 카리브 해의 섬들도 금 산출량은 한계가 있었다.

카리브 해의 여러 섬들 대신 스페인이 눈을 돌린 것은 중남미 대륙이었다. 정복자들이 아스테카 왕국과 잉카 제국에서 수탈한 유물들은 이미 스페인 본국으로 옮겨진 후였다. 1560년대 이후에는 페루(지금의 볼리비아)의 포토시 광산 등 각지에서 유력한 은광이 발견되어 스페인에 막대한 부를 가져다주었다.

토르데시야스 조약으로 세계를 분할하고 신대륙의 부를 독점한 스페인에 대해 그들과 대립하는 잉글랜드, 프랑스, 네덜란드 등은 당연히 스페인의 독점적 번영이 마음에 들지 않았다. 그리고 그들 중에서 스페인의 부를 노린 사람들이 나타났다.

1520년대에는 아스테카 왕국에서 약탈한 보물을 실은 스페인 선박이 대서양의 아조레스 제도 바다에서 프랑스 해적선의 습격을 받아 나포되는 사건이 발생했다. 스페인이 신대륙에서 약탈한 부를 또 다시 빼앗으려는 해적의 활동이 활발해졌다.

그러자 스페인은 수송선이 대서양을 건널 때 선단을 조직해 호위했다. 일 년에 두 번, 봄에는 멕시코행 선단이, 여름에는 파나마 지협행 선단이 출항해 현지에서 신대륙의 부를 가득 싣고 이듬해 3월 쿠바의 하바나에 집결해 함께 귀국하는 방식이었다. 하지만 스페인이 들여오는 막대한 부는 야심찬 해적들의 관심을 끌기에 충분했다.

그 무렵 소형 범선인 카라크 선은 점차 대형화되고 다수의 대포를 장착한 대형 범선 갈레온 선이 등장했다. 갈레온 선은 군함뿐 아니라 방어력을 갖춘 상선으로도 이용되었다. 민간 상선이 쉽게 군선이나 해적선으로 유용될 수 있었던 이유이기도 하다.

그림 4-4 존 호킨스

호킨스의 밀무역

1562년 잉글랜드 출신의 존 호킨스(1532년~1595년)가 이끄는 3척의 선단이 잉글랜드에서 서아프리카로 향했다. 호킨스는 서아프리카에서 흑인 노예를 조달하면 그길로 대서양을 건너 카리브 해로 향했다. 신대륙에서의 스페인의 독점적인 무역 체제에 도전한 것이다.

히스파니올라 섬에 도착한 호킨스는 태풍을 핑계로 산토도밍고에 들러 현지에서 거래한 설탕과 쇠가죽 등을 가득 싣고 귀국했다. 스페인이 독점 지배하는 해역에 나타나 감쪽같이 거래를 하고 사라지는 이른바, 밀무역이었다.

호킨스는 2년 후 또 다시 서아프리카를 경유해 이번에는 남미 베네수엘라 연안에 나타났다. 현지 식민지에서는 스페인 본국으로부터 외국인과의 거래 금지령이 내려졌지만 호킨스는 거래를 강행한 후 잉글랜드로 돌아갔다. 호킨스는 매 항해마다 큰 이익을 챙겼다.

스페인 왕실은 대사를 통해 잉글랜드의 엘리자베스 여왕(재위 1558년~1603년)에게 항의하고 호킨스의 항해 금지를 요청했다. 엘리자베스 여왕은 형식적으로는 호킨스를 나무랐지만 처벌은 하지 않았다. 처벌은커녕 1567년 호킨스는 또 다시 6척의 선단을 이끌고 카리브 해를 향해 출항했다. 실은 엘리자베스 여왕도 비밀리에 호킨스의 항해를 지원하고 있었다.

호킨스의 선단은 서아프리카에서 흑인 노예 약 500명을 태워 신대륙으로 향했다. 현지 스페인인 총독의 눈을 피해 카리브 해에서 남미로 향한 그는 흑인 노예를 원하는 식민지 이주자들과 거래했다. 호킨스는 카리브 해를 북상하다 태풍을 만나 멕시코의 산 후안 데 울루아에 기항했다. 현지의 스페인 관리가 잉글랜드의 배인 줄 모르고 호킨스 선단의 입항을 허가하면서 호킨스의 부하들이 포대를 점거하게 되었다.

그런데 이틀 후 스페인 함대 13척이 산 후안 데 울루아에 나타났다. 당시 스페인 함대에는 멕시코 부왕으로 부임하는 마르틴 엔리케스 데 알만사가 타고 있었다. 호킨스는 스페인 측과 서로 인질을 교환하는 조건으로 스페인 함대의 입항을 허가했다.

그러나 스페인 함대는 항구에 들어오자마자 약속을 파기하고 호킨스의 선단을 급습했다. 호킨스는 겨우 탈출했지만 막대한 피해를 입었다.

이때 호킨스가 탄 미니언 호 외에 탈출에 성공한 것은 주디스 호한 척뿐이었다. 그리고 그 주디스 호의 선장은 후에 이 시대를 대표하는 해적으로 이름을 떨친 프랜시스 드레이크(1543년경~1596년)였다.

산 후안 데 울루아의 복수

잉글랜드로 돌아온 드레이크는 산 후안 데 울루아에서의 복수를 다짐하며 호킨스에게 받은 스완 호를 타고 카리브 해로 향했다. 드레이크는 은밀히 파나마 지협 부근에 상륙해 흑인 도망 노예 집단과 접촉하며 정보를 모았다. 드레이크는 대담무쌍한 계획을 세웠다.

당시 스페인은 페루 등지에서 모은 황금 유물을 배에 실어 태평양의 파나마까지 운반한 다음 노새에 실어 파나마 지협을 넘어 카리브 해의 놈브레 데 디오스까지 수송했다. 드레이크가 주목한 것은, 바로 그 파나마 지협으로 모이는 스페인의 막대한 부였다.

1572년 5월 정찰을 마친 드레이크는 대포와 탄약 등의 장비를 가득 실은 두 척의 배로 잉글랜드의 플리머스 항을 출항해 계획대로 파나마 지협으로 향했다. 그는 목표했던 놈브레 데 디오스를

그림 4-5 프랜시스 드레이크(마르쿠스 헤라르츠, 1590년경)

습격했지만 스페인 군의 반격으로 부상을 입고 후퇴했다. 정면 작
전에 실패한 드레이크는 도망 노에 무리와 프랑스인 해적들과 함
께 파나마 지협에 숨어 우기가 지나고 재개될 노새 수송단을 습격
하기로 했다.

1573년 3월 드레이크는 200필 가량의 노새가 운반하는 스페인
의 수송대를 습격했다. 갑작스런 습격에 스페인 수비병들은 뿔뿔
이 흩어져 도망가고 30여 톤에 달하는 어마어마한 금은이 남았다.
드레이크는 카리브 해 인근에서 대기하던 배로 보물을 옮겼는데
그 양이 워낙 많아 다 옮기지 못한 금은은 가까운 곳에 묻어두었다

고 한다.

같은 해 8월 드레이크가 이끄는 두 척의 배가 플리머스로 돌아 왔다. 보물을 가득 실은 드레이크 선단의 귀국에 잉글랜드는 열광 했다. 하지만 스페인 대사는 엘리자베스 여왕에게 당장 드레이크 를 스페인에 인도하든지 사형에 처해야 한다고 주장했다. 잉글랜 드로 돌아온 드레이크는 이내 자취를 감춘다. 스페인과의 관계 때 문에 엘리자베스 여왕이 도피시켰다는 설도 있다.

드레이크가 플리머스에 다시 나타난 것은 3년이 지난 1576년이 었다. 이듬해 드레이크는 비밀리에 엘리자베스 여왕을 알현했다. 드레이크는 반성은커녕 또 다시 놀라운 계획을 꺼냈다. 남미 대륙 최남단의 마젤란 해협을 넘어 태평양으로 진출해서 그곳에서 스 페인의 배를 습격한다는 계획이었다. 드레이크는 파나마 지협을 탐색하던 때 태평양을 눈여겨보았던 것이다. 그리고 이번에도 엘 리자베스 여왕은 측근의 이름을 빌려 그의 원정을 지원했다.

드레이크의 세계일주

1577년 12월 드레이크는 5척의 선단을 이끌고 플리머스를 출항 했다. 대외적으로는 이집트의 알렉산드리아에서의 지중해 교역이 었지만 진짜 행선지는 당연히 신대륙이었다.

드레이크의 선단은 서아프리카의 브란코 곶, 베르데 곶 제도를 남하해 다시 서쪽으로 대서양을 약 60일에 걸쳐 횡단한 끝에 1578

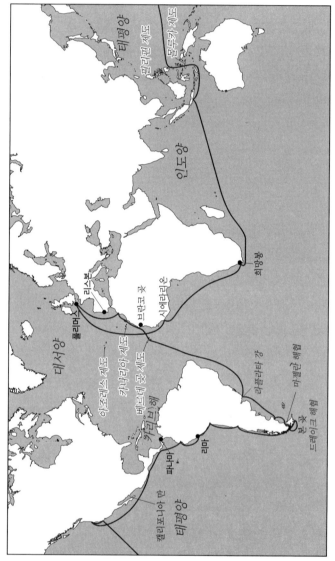

그림 4-6 드레이크의 세계 일주

태평양
몰루카 제도
팔라펜 제도
인도양
희망봉
리스본
브란코 곶
시에라리온
플리머스
대서양
아조레스 제도
카나리아 제도
베르데 곶 제도
카보베르데
라플라타 강
마젤란 해협
본 곶
드레이크 해협
파나마
리마
캘리포니아 만
태평양

156

년 4월 남미의 라플라타 강 하구에 도달했다. 거기서 그치지 않고 대륙을 따라 남하해 같은 해 8월 마침내 마젤란 해협에 다다랐다.

하지만 이곳에서 드레이크의 선단은 거센 태풍에 휩쓸렸다. 태풍이 지나가고 드레이크의 선단은 2척만 남게 되었다. 그 와중에 드레이크가 탄 골든 하인드 호와 떨어진 메리 골드 호는 마젤란 해협 횡단을 단념하고 잉글랜드로 돌아갔다.

결국, 태평양에 도착한 것은 드레이크가 탄 골든 하인드 호 한 척뿐이었다. 태풍에 휩쓸려 마젤란 해협 남쪽까지 표류하던 골든 하인드 호는 우연히 남미의 본 곳과 남극대륙 사이의 해협을 발견했다. 그곳은 현재까지도 드레이크 해협이라고 불린다.

남미 대륙 남단을 지난 골든 하인드 호는 선체 수리를 마친 후 남미 칠레 연안을 북상했다. 그 후 드레이크는 경계가 허술한 태평양 연안의 항구와 해상의 스페인 수송선을 습격해 약탈했다. 드레이크의 가장 큰 수확은 보물을 싣고 페루의 리마에서 파나마로 가던 카가 푸에고 호를 나포한 일이었다.

카가 푸에고 호에는 금 80파운드, 은 26톤, 백은 13상자 외에도 엄청난 양의 보석류 등이 실려 있었다. 드레이크는 어렵지 않게 카가 푸에고 호를 나포했지만 배에 실린 보물을 옮기는 데 엿새나 걸렸다고 한다. 그 후 드레이크는 스페인의 추적을 피하기 위해 중미를 넘어 북미 대륙의 서해안을 따라 항해했다. 1579년 6월 골든 하인드 호는 마침내 캘리포니아 만에 도착했다.

당초 계획은 다시 남미를 돌아 귀국할 예정이었지만 캘리포니아

그림 4-7 골든 하인드 호를 재현한 배

에 도착한 드레이크의 골든 하인드 호는 서쪽으로 진로를 바꿔 무역풍을 타고 태평양을 횡단했다.

10월에는 필리핀 제도 11월에는 향료의 제도로 알려진 몰루카 제도에 도달했다. 드레이크는 그곳에서 대량의 정향유를 싣고 인도양, 희망봉, 아프리카 대륙 연안을 지나 1580년 9월 플리머스로 귀항했다. 2년 9개월에 걸친 드레이크의 항해는 마젤란에 이어 인류 역사상 두 번째 세계 일주였다.

플리머스에 도착한 드레이크는 곧장 엘리자베스 여왕에게 편지를 썼다. 비밀리에 원정을 지원하기는 했지만 드레이크의 약탈 행위에 대한 스페인의 항의가 빗발쳤으리라는 것은 불 보듯 뻔했다.

그림 4-8 엘리자베스 여왕

하지만 엘리자베스 여왕은 드레이크의 모험담과 그가 가져온 보물에 크게 기뻐하며 6시간 넘게 이야기를 나누었다고 한다.

실제 드레이크가 가져온 보물은 어마어마했다. 경제학자 J. M. 케인즈는 당시 여왕에게 돌아간 이익이 잉글랜드의 대외 부채를 갚고 레반트 회사의 출자금이 되었을 뿐 아니라 레반트 회사의 수익으로 동인도 회사가 설립되었다는 점에서 '(드레이크 원정의 수익이) 영국의 대외 투자의 기반이 되었다'고 썼다. 그렇다면 영국에서 시작된 근대 자본주의의 기반을 다진 것은 해적이었다고 할 수 있다.

어쨌든 엘리자베스 여왕은 드레이크의 세계 일주 원정을 축복하고 그에게 기사 작위까지 내렸다. 스페인에 대한 해적 행위로 기사가 된 것이다. 그 후로도 플리머스의 시장직을 맡기도 했다.

한편, 스페인의 펠리페 2세는 잉글랜드 해적에 대한 보복으로 스페인 항구에 정박하는 잉글랜드 상선의 나포를 명했다. 스페인과 잉글랜드의 관계는 이미 걷잡을 수 없는 상황으로 치달았다.

두 나라의 관계가 악화하는 가운데 1585년 드레이크는 육지에서의 안정된 생활을 버리고 또 다시 상선을 지휘해 카리브 해로 향했다. 드레이크의 선단은 산토도밍고와 카르타헤나를 습격해 약탈을 일삼고 플리머스로 돌아왔다.

그 후, 스페인과 잉글랜드는 결국 충돌하게 된다.

무적함대와의 대결

스페인과 잉글랜드의 대립은 단순히 정치적 패권을 둘러싼 갈등에 그치지 않고 가톨릭 왕국 스페인과 가톨릭에 대항하는 영국 국교회 등 프로테스탄트 진영의 잉글랜드 간의 종교적 대립도 겹쳐졌다. 또한 독실한 프로테스탄트였던 드레이크의 종교적 열정도 그의 행동에 영향을 미쳤을 것이다.

스페인과 잉글랜드의 대립이 심화된 요인 중 하나는 네덜란드를 둘러싼 상황이었다. 네덜란드에서는 프로테스탄트계의 위트레흐트 동맹이 스페인으로부터의 독립을 목표로 하고 있었으며, 잉글랜드가 독립을 지원했다.

두 나라가 결정적으로 대립하게 된 것은 엘리자베스 여왕이 전 스코틀랜드 여왕 메리 스튜어트를 처형한 일이었다. 메리 스튜어트는 엘리자베스 여왕의 암살 계획에 관여했다는 이유로 처형당했다. 이는 가톨릭과 프로테스탄트 간의 첨예한 대립을 상징하는 사건으로 해석되기도 한다.

당시 펠리페 2세가 지배하던 스페인은 레판토 해전에서 오스만 제국을 격파하고 포르투갈 왕실이 비어 있는 틈을 타 포르투갈을 병합했을 뿐 아니라 신대륙의 막대한 부를 손에 넣고 번영을 누렸다. '태양이 지지 않는 나라' 스페인의 최전성기였다. 그런 펠리페 2세가 잉글랜드와의 전쟁을 계획하면서 대함대 편성을 지시했다.

이때 편성된 스페인 함대는 무적함대라고 불리었다. 그리고 대제국이 자랑하는 무적함대에 용감히 맞선 인물이 프랜시스 드레이크였다.

1587년 4월 엘리자베스 여왕의 허가를 받은 드레이크는 준비가 채 끝나지 않은 스페인 함대를 공격하기 위해 함선 23척을 이끌고 플리머스 항을 나섰다. 드레이크는 스페인 남서부의 카디스 항에 스페인 함대가 집결 중이라는 정보를 입수하고 그곳으로 향했다.

아직 스페인의 주력선이 도착하지 않은 상황에서 드레이크는 카디스 항을 습격해 정박 중인 상선의 화물 등을 약탈했다. 드레이크는 이 습격에 대해 '스페인 왕의 턱수염을 조금 그슬렸을 뿐'이라고 말했다고 한다.

그 후, 드레이크는 아조레스 제도 연해로 나아가 펠리페 2세 소

그림 4-9 아르마다 해전(니콜라스 힐리어드, 16세기 말~17세기 초)

유의 대형 수송선 산 펠리페 호를 습격했다. 산 펠리페 호는 인도에서 향료와 비단 등을 싣고 돌아오는 길이었다. 이번에도 드레이크는 막대한 부를 손에 넣고 플리머스로 돌아왔다. 드레이크의 행동으로 스페인과 잉글랜드의 전쟁은 사실상 본격화되었다고 할 수 있다.

1588년 4월 말경 지난 해 드레이크의 습격으로 준비가 늦어진 스페인 함대가 마침내 리스본 항을 출발했다. 잉글랜드 상륙을 목표로 함선 130척과 군사 3만 명으로 편성된 대함대였다. 다만, 전 함대가 이동하는 데 많은 시간이 소요되면서 7월 중순 무렵에야 영국 해협에 도착했다.

스페인 함대가 나타나자 플리머스 항에서는 드레이크를 비롯한 잉글랜드 함선이 출격 태세를 갖추었지만 스페인 함대는 펠리페 2세의 사전 지시에 따라 내륙에서 함대 승선을 기다리는 파르마 공의 군대와 합류하기 위해 동쪽으로 이동했다. 7월 27일 스페인 함대는 도버 해협에 면한 프랑스의 칼레 연안에 정박했다.

다음 날, 잉글랜드는 스페인 함대에 대한 공격을 감행했다. 때마침 불어오는 순풍을 이용해 대형선 8척에 화약 등을 가득 실은 화공선을 스페인 함대가 정박해 있는 칼레 연안으로 돌입시킨 것이다.

그 효과는 절대적이었다. 혼란에 빠져 뿔뿔이 흩어지는 스페인 함대에 이번에는 드레이크와 잉글랜드 함대의 공격이 쏟아졌다. 결국, 스페인 함대 130척 중 스페인으로 돌아간 것은 63척뿐이었다. 스페인 함대의 대패는 스페인 제국 몰락의 서막이었다.

드레이크는 스페인 함대를 철저하게 파괴하기 위해 1589년 함선을 이끌고 리스본 원정에 나섰다. 결과적으로 리스본 원정은 성공하지 못했지만 이번에는 카리브 해 원정을 준비했다.

1595년 8월 드레이크는 동료 호킨스와 함께 플리머스 항을 떠나 카리브로 향했다. 하지만 시대가 흐르면서 상황도 바뀌었다. 해적들의 노략질이 끊이지 않자 스페인은 식민지의 주요 항구마다 요새를 쌓고 수비를 강화했다.

11월 푸에르토리코의 산 후안 연해에서 호킨스가 병으로 세상을 떠났다. 드레이크가 산 후안 공략을 단념하고 향한 곳은 과거 엄청난 부를 손에 넣었던 파나마 지협이었다. 하지만 그곳에서도 멕시코 부왕의 원군을 등에 업은 스페인 군에 패하면서 후퇴할 수밖에 없었다. 1596년 1월 드레이크는 파나마의 포르토벨로 연해에서 이질로 쓰러져 숨을 거두었다. 드레이크의 유해는 납으로 된

그림 4-10 드레이크의 동상(플리머스)

관에 담겨 카리브 해에 수장되었다고 한다.

16세기 잉글랜드에 등장한 전설적인 해적 프랜시스 드레이크는 영국의 영웅으로 추앙받는다. 지금도 플리머스 공원에는 드레이크의 동상이 위풍당당한 모습으로 바다를 바라보고 있다.

카리브의 해적 버커니어

당초 스페인이 점유를 선언했던 카리브 해의 여러 섬들은 16세기 후반부터 17세기에 걸쳐 타국의 침입이 끊이지 않았다. 특히, 카리브 해 동쪽의 소 앤틸리스 제도는 금이 나지 않았기 때문에 이주민들도 많지 않았다. 사실상 방치 상태였기에 잉글랜드, 프랑스, 네덜란드인들의 점령과 식민화가 잇따랐다. 지금도 소 앤틸리스 제도에는 영국령, 프랑스령, 네덜란드령이 남아 있다.

히스파니올라 섬을 포함한 카리브 해 서쪽의 대 앤틸리스 제도에서도 16세기 전반에 이미 사금 생산 열풍이 끝나고 경제 활동의 중심은 아메리카 대륙으로 옮겨갔다.

당초 히스파니올라 섬에서는 설탕과 쇠가죽이 생산되었지만 16세기 후반 브라질에서 대규모 설탕 생산이 시작되면서 히스파니올라 섬의 설탕 산업은 점차 쇠퇴했다. 또 스페인 선단이 쿠바의 하바나에 집결해 스페인 본국으로 돌아가는 체제가 정착하면서 히스파니올라 섬은 기항지로서의 역할도 잃고 전략적으로나 경제적인 가치가 하락하면서 개발에서 제외되는 결과를 낳았다. 스페인은 산토도밍고에 요새를 구축해 주변을 방어하는 것만으로도 벅찼다.

그런 때에 프랑스인들이 히스파니올라 섬 서부를 침입했다. 프랑스인들은 야생 소나 돼지를 잡아 훈제육을 만들어 팔면서 생계를 꾸렸다. 그들은 현지에서 나무로 만든 훈제용 가마를 뜻하는 부칸boucan이라는 단어에서 온 프랑스어 부카니에boucanier 영어로는 버커니어buccaneer라고 불렸다. 그들이 바다로 진출해 스페인의 배를 습격하는 해적이 되면서 이 시대 카리브의 해적을 버커니어라고 부르게 되었다.

이 시기의 해적 행위는 해적과 사략으로 나눌 수 있다. 사략이란, 좁은 의미로는 국왕 등으로부터 교전국의 영지나 선박을 습격해도 좋다는 사략 허가장을 받은 배가 행하는 약탈 행위이며 전쟁 행위의 일환으로 볼 수 있다.

하지만 실제로는 해적 행위와 사략 행위의 경계가 분명치 않다. 예컨대, 드레이크는 엘리자베스 여왕으로부터 사실상의 지원을 받으며 스페인의 영토와 선박을 공격했지만 정식으로 사략 허가장을 받은 것은 아니었기 때문에 그의 행위를 사략으로 보기에는 애매한 면이 있다. 다만 사략 허가장의 유무에 관계없이 국가로부터 실질적인 지원이나 허가를 받은 행위를 넓은 의미의 사략이라고 한다면 드레이크의 행위는 국가가 공인한 약탈 행위 즉, 사략으로 볼 수 있다.

물론, 사략이든 해적이든 그 실태는 명백한 약탈 행위이다. 대부분의 경우, 사략 허가장은 해적 행위를 정당화하는 구실에 불과하다. 버커니어는 부를 약탈하는 것이 주목적이지 스페인과의 전쟁 행위라는 의미는 부차적인 것이었다.

한편, 스페인과 대적하는 잉글랜드, 프랑스, 네덜란드 등은 버커니어들의 스페인 영토 및 선박에 대한 약탈 행위를 묵인하고 때로는 장려했다. 신대륙의 부를 독점하던 스페인에 대한 약탈 행위가 그들에게는 이로운 행위였기 때문이다. 그리하여 카리브 해에서는 사략을 포함한 해적 행위가 만연했다.

카리브의 해적 버커니어들이 집결하는 여러 거점 중 하나가 히스파니올라 섬 북서쪽 연해에 위치한 토르투가 섬이었다. 토르투가 섬에는 프랑스, 잉글랜드, 네덜란드 출신의 다국적 해적들이 모여 스페인의 영토와 선박에 대한 약탈을 일삼았다.

이런 상황을 파악한 스페인은 1635년 토르투가 섬 원정을 결행하고 붙잡힌 버커니어들을 교수형에 처했다. 하지만 그것은 해적을 억제하기는커녕 스페인에 대한 증오심을 키워 해적 행위가 더욱 심해지는 결과를 낳았다. 그 후, 토르투가 섬은 프랑스인이 탈환해 또 다시 버커니어들의 거점이 되었다.

한편, 잉글랜드 출신의 버커니어들은 프로비던스라고 불리는 니카라과 동해의 프로비덴시아 섬을 거점으로 활동했다. 1641년 스페인 군에 점령당하자 이번에는 바하마 제도에 거점을 구축하고 뉴프로비던스 섬이라고 불렀다.

1655년에는 잉글랜드의 호국경護國卿 크롬웰이 대 스페인 전쟁의 일환으로 카리브 해에 함대를 파견했다. 잉글랜드 함대는 당초 산토도밍고를 공략할 계획이었지만 작전이 난항을 겪으면서 스페인의 방어가 허술한 자메이카 섬을 공격해 점령했다.

그 후, 자메이카에는 잉글랜드 총독이 부임하면서 섬의 방어와 발전을 위해 독자적으로 스페인에 대한 사략 허가장을 발행했다. 그러자 버커니어들이 모여들면서 자메이카 섬 남부에 건설된 포트 로열은 버커니어들의 일대 거점이 되었다.

모건의 약탈 행위

이 시대의 버커니어 중 가장 유명한 인물이 헨리 모건(1635년 ~1688년)일 것이다.

당시 모건의 선단에 승선했었던 네덜란드인 존 에스케멜링의 『아메리카의 버커니어』에 따르면 1635년 잉글랜드의 웨일스에서 태어난 모건은 젊은 시절 카리브 해의 바베이도스 섬으로 건너

그림 4-11 헨리 모건

가 5년을 일한 후 자메이카로 가서 버커니어에 가담했다고 한다. 그 후, 자신의 배를 갖게 된 모건은 니카라과의 그라나다와 프로비덴시아 섬 인근의 산타카타리나 섬을 습격하는 등 스페인 영토를 노략질했다.

자메이카에서 이름을 떨친 모건은 자메이카 총독으로부터 사략선단의 사령관으로 임명되었다. 앞서 이야기했듯, 당시 자메이카 총독은 섬의 발전을 위해 사략 행위를 장려했다.

사략선단을 이끌게 된 모건의 휘하에 카리브 해의 버커니어들이 집결했다. 1668년 모건은 9척의 선단을 이끌고 포트 로열을 나섰다. 선단에 참여한 버커니어는 460명이었다.

모건의 목표는 파나마의 포르토벨로였다. 파나마 지협의 카리브 해 쪽에 위치한 포르토벨로는 놈브레 데 디오스에 이어 중남미 대륙의 부를 스페인 본국으로 실어 나르던 항구였다. 당연히 스페인에는 매우 중요한 항구였다.

모건이 '병력은 부족할지 몰라도 사기만큼은 누구도 따라올 수 없다. 동료들이 적은 만큼 더욱 굳게 단결할 수 있고 돌아가는 몫도 많다'고 격려하자 버커니어들은 전원 포르토벨로 습격에 찬성했다고 한다.

그림 4-12 포르토벨로 공략전

모건의 선단은 포르토벨로 연해에 정박하고 기습 공격을 위해 보트와 카누로 옮겨 탄 후 마을로 접근했다. 도중에 스페인 감시병을 사로잡아 방비 태세에 대해 듣고 마을 어귀의 산 헤로니모 요새에 이르러서는 스페인 수비대와 격렬한 전투를 벌였다. 모건이 이끄는 버커니어 군은 수비병이 지키는 요새를 폭파했다.

포르토벨로 마을에서는 습격 소식을 들은 주민들이 벽이나 우물 안 혹은 지하실 등에 보석과 현금을 숨겼다. 마을 중앙의 산티아

그림 4-13 포르토벨로의 산 헤로니모 성채 유적

고 데 라 글로리아 요새의 수비병들은 모건 군대에 포격을 퍼부었
다. 한편, 모건은 수도원을 점거하고 포로로 잡은 수도사와 수녀
들을 방패삼아 요새를 공격했다.

격렬한 전투 끝에 모건의 군대는 사다리를 이용해 요새 안으로
진입했다. 수비병이 투항하면서 결국 포르토벨로의 도시는 함락
되었다.

그 후, 버커니어들은 보름동안 도시를 철저하게 약탈했다. 많은
주민들이 재물을 찾아내려는 버커니어들의 고문으로 목숨을 잃었
다고 한다.

포르토벨로 습격 소식을 들은 파나마 총독이 수비대를 파견했지
만 미리 정보를 입수한 모건은 파나마 지협 중간에서 잠복해 수비

대를 공격했다. 심지어 파나마 총독에게 포르토벨로 주민들의 몸값을 요구해 10만 페소를 받아낸 후 유유히 포르토벨로를 떠났다.

모건은 쿠바 섬 연해의 한 섬에서 전리품을 나눈 뒤 포트 로열로 귀환했다. 에스케멜링은 버커니어들이 그 돈을 순식간에 술과 여자에 탕진했다고 말한다.

같은 해 말 버커니어들은 또 다시 모건의 부름을 받고 원정에 나선다. 이번 선단은 함선이 15척, 선원은 960명에 달했으나 출항하자마자 히스파니올라 섬 연안에서 역풍을 만나 7척이 낙오하면서 함선 8척, 선원은 500명가량만 남게 되었다.

이번 항해에서 모건이 노린 것은 남미의 베네수엘라였다.

베네수엘라 만에 도착한 모건의 선단은 마라카이보 호 인근의 지브롤터를 습격했다. 그리고 지브롤터를 거점으로 5주에 걸쳐 주변 지역을 약탈했다. 그 사이 스페인 함대가 베네수엘라 만 어귀에 집결해 공격 태세를 갖추었지만 모건은 육지의 요새를 공략하는 척하며 스페인 함대를 유인한 후 몰래 바다로 빠져나가 막대한 보물과 노예를 싣고 포트 로열로 돌아갔다.

파나마 원정

스페인 영토에 대한 모건의 약탈 행위가 끊이지 않자 잉글랜드는 스페인으로부터 거센 항의를 받게 된다. 잉글랜드 · 스코틀랜드 왕 찰스 2세(재위 1660년~1685년)는 자신은 모르는 일이라고 일단

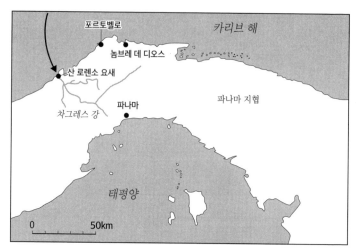

그림 4-14 파나마 지협의 지도

발뺌을 하기는 했지만 청교도 혁명으로 대륙에서 망명 생활을 하고 가톨릭을 옹호하기도 했던 찰스 2세는 스페인을 배려하지 않을 수 없는 입장이었다. 결국, 잉글랜드 본국의 명령으로 모건은 포트 로열의 사략선단 사령관 직에서 물러난다.

그리고 스페인과 잉글랜드 간에 카리브 해를 둘러싼 외교 협상이 이루어졌다. 잉글랜드는 자국의 사략 행위를 중지하는 조건으로, 카리브 해의 자메이카 섬과 세인트키츠 섬에 대한 잉글랜드의 영유권을 인정할 것을 요구했지만 스페인은 그 요구를 완강히 거부했다.

한편, 포트 로열에는 머지않아 스페인 함대가 자메이카를 공격할 것이라는 소문이 퍼졌다. 1670년 자메이카 총독 모디포드는 독자적인 판단으로 모건을 사령관에 재임명한다. 모건은 곧장 선단을 꾸렸다.

모건의 부름에 응한 버커니어들이 집결하고 함선 36척, 선원 1,800명에 달하는 선단이 편성되었다. 해적 함대라고 불러도 될 법한 버커니어 사상 최대의 선단이었다.

모건은 대함단을 이끌고 누구도 상상하지 못한 대담한 계획을 추진한다. 태평양의 연안 도시 파나마를 공략하는 것이었다. 파나마는 중남미 각지의 부가 한데 모이는 일대 거점이었다. 파나마 공략은 아메리카 대륙에서 스페인의 지배력을 뒤흔들 일격이 될 것이 분명했다.

모건은 함선 선장들에게 자신이 발행한 사략 허가장을 나눠주고 포트 로열을 출항했다. 모건은 직접 파나마로 가지 않고 먼저 니카라과 동안의 산타카타리나 섬을 공략했다.

잉글랜드와 스페인은 아메리카 대륙으로 가는 전략적 요충지 산타카타리나 섬을 둘러싸고 수차례 쟁탈전을 벌였다. 하지만 모건이 지휘하는 1,000여 명의 부대가 상륙하자 스페인의 수비대는 무기를 내려놓고 투항했다. 이로써 모건은 파나마 공략에 앞서 후방의 보급기지를 확보했다.

모건은 산타카타리나 섬에서 파나마 지협 차그레스 강 하구의 산 로렌소 요새로 선견부대를 보냈다. 선견부대의 공략이 성공했다는 보고를 받고서야 자신도 본대를 이끌고 파나마로 향했다.

그림 4-15 파나마 공략전

1671년 1월 모건이 이끄는 약 1,200명의 병력은 보트와 카누 등을 타고 차그레스 강을 거슬러 올라가 파나마 지협을 건넜다. 중간에 원주민들의 습격을 받는 위기도 있었지만 원정 9일째 마침내 태평양이 바라다 보이는 지점에 도달했다.

다음 날, 전열을 가다듬은 모건의 군대는 북을 울리며 파나마를 향해 위풍당당하게 행진했다. 한편, 파나마 총독이 지휘하는 스페인 수비대도 전투대형을 갖추었다. 곧이어 서로를 향한 일제 사격이 시작되었다.

2시간 남짓한 전투 끝에 버커니어의 군세에 밀린 스페인 수비대가 후퇴했다. 스페인 측은 600여 명이 전사하고 다수의 수비병이

(왼쪽)그림 4-16 파마나의 구시가
유적
(오른쪽)그림 4-17 파나마의 교회
유적

부상을 입거나 포로로 붙잡혔다. 모건의 병력은 도시로 진격해 저
항하는 수비병들에게 포화를 퍼붓는 등 3시간 남짓한 전투 끝에
파나마의 도시를 점령했다.

파나마는 1519년 태평양 연안 최초의 스페인 식민지로 건설된
이후 단 한 번도 약탈을 당한 적이 없었다. 또 중남미의 금은 보물
이 한데 모여 경제적으로도 크게 발전한 도시였다. 금은으로 만든
화려한 제단과 장식품으로 꾸며진 수도원 7곳, 수녀원 1곳, 교회 2
곳이 있고 부유한 상인들의 가옥 2천 채, 일반 가옥 5천 채 거기에
수많은 상점과 창고 등이 있었다고 한다.

하지만 모건의 정복 직후, 파나마 시내 곳곳에 불이 나면서 순
식간에 마을 전체가 화염에 휩싸였다. 에스케멜링은 모건이 불을
지르도록 명령했다고 하지만 모건 자신은 스페인인들의 짓이라고

주장했으며 스페인 측의 보고서에도 파나마 시민들이 스스로 불을 질렀다고 쓰여 있다.

어찌 됐든 번성했던 파나마의 도시들은 모건의 습격 이후 폐허가 되었다. 스페인이 큰 타격을 입은 것은 말할 것도 없었다. 그런 의미에서 모건의 목적 한 가지는 달성된 셈이었다.

모건은 3주 정도 파나마에서 머물다 2월 말 175필의 말과 노새에 실은 전리품과 600여 명의 포로를 이끌고 파나마를 떠났다. 모건의 군대는 원정 행로를 되돌아가 카리브 해의 차그레스 강 하구의 요새에 도착했다.

파나마 원정은 대함대를 동원한 것에 비해 약탈한 전리품이 너무 적었다. 도시가 불에 탄 것도 타격이 컸지만 애초에 모건의 습격 당시 주민들 대부분이 가진 재물을 모두 들고 마을을 빠져나갔던 것이다.

원정에 참가했던 버커니어들의 불만이 높아졌다. 위기를 감지한 모건은 차그레스 강 하구에 도착하자 함선 3, 4척에 500여 명의 동료를 태우고 몰래 포트 로열을 향해 출항했다.

원정에 참가했던 프랑스인 버커니어 등이 파나마 지협에 버려졌다. 식량조차 남겨두지 않아 당장 모건의 배를 쫓아갈 수도 없었다. 그 후, 식량도 없이 버려진 버커니어들은 간신히 토르투가 섬이나 포트 로열에 도착하거나 그대로 파나마 땅에서 목숨을 잃었다.

그림 4-18 포트 로열의 도시

자메이카 부총독 취임

포트 로열로 돌아온 모건에게 반갑지 않은 소식이 기다리고 있었다.

모건이 파나마를 습격했을 때 이미 잉글랜드 본국은 스페인과 마드리드 조약을 체결(1670년)했던 것이다. 마드리드 조약은 스페인이 정식으로 잉글랜드의 자메이카 섬 등의 영유권을 인정하는 대신 스페인 영토에 대한 약탈 행위를 하지 않기로 합의한 조약이었다.

조약 내용을 미처 몰랐다고는 해도 사략선단의 사령관 모건은 스페인의 요충지 파나마를 약탈하고 폐허로 만든 것이었다. 독자적인 판단으로 모건을 사령관에 재임명한 자메이카 총독 모디포드는 본국으로 소환되어 런던탑에 유폐되었다. 모건 역시 런던으로 소환되었다.

스페인의 강력한 항의로 형식적인 소환 명령이 내려지기는 했지만 스페인의 독점체제에 과감히 도전한 모건은 드레이크와 마찬가지로 잉글랜드의 영웅이었다.

결국 모건은 파나마 약탈에 대한 문책 대신 국왕으로부터 기사 작위를 받고 자메이카 부총독으로 임명되었다.

1676년 4월 자메이카 부총독 모건은 의기양양하게 포트 로열로 돌아갔다. 그 후, 자메이카 부총독 모건이 맡은 임무는 참으로 아이러니한 내용이었다. 스페인과의 조약에 근거해 버커니어들을 단속하는 임무를 맡게 된 것이다.

사략선단을 지휘하던 사령관에서 단속하는 입장이 된 모건은 그 역할을 충실히 해낸다. 모건은 3개월 이내에 해적질을 그만두면 토지를 나눠주고 해적질을 계속하는 자는 교수형에 처할 것이라는 포고령을 내리고 포트 로열로 들어오는 선박을 엄격히 관리했다.

잉글랜드 본국의 방침과 모건의 전향으로, 사략을 구실로 해적질을 해왔던 버커니어들은 포트 로열에서 쫓겨나 토르투가 섬 등지로 흩어졌다. 그리하여 해적의 본거지로서 포트 로열의 번영은 사략선단의 사령관이자 스페인의 입장에서는 명백한 해적 두목이었던 모건에 의해 막을 내리게 되었다.

1683년 모건은 정쟁에 휘말려 관직을 박탈당하고 만년에는 자메이카의 농장주로 보내다 1688년 세상을 떠났다. 자메이카 섬에서는 성대한 장례식이 거행되었다고 한다.

4년 후인 1692년 자메이카 섬에 큰 지진이 일어나고 지진 해일이 포트 로열의 도시를 덮쳤다. 그렇게 17세기 해적의 본거지로 번영을 누린 포트 로열은 물거품처럼 사라지고 말았다.

키드의 활약

버커니어에서 사략선단을 지휘하는 사령관이 되고 기사 작위를 받아 자메이카 부총독 자리에까지 오른 모건과 달리 사략선의 선장으로 활동하다 권력에 농락당해 비극적인 최후를 맞이한 인물이 있다. 캡틴 키드라 불린 윌리엄 키드(1645년경~1701년)이다.

키드는 1640년경 스코틀랜드의 작은 항구 도시에서 칼뱅파 목사의 아들로 태어났다고 전해진다. 찰스 2세의 왕정복고로 인한 청교도 탄압이 영향을 미쳤는지 북아메리카의 잉글랜드 식민지로 이주했다.

당시 북아메리카 식민지에서는 1651년 제정된 항해 조례를 바탕으로 잉글랜드 선박 이외의 외국 선박을 배제하는 중상주의 정책이 시행되고 있었다. 그런 이유로 식민지에서는 물자 부족과 물가 폭등이 심화되고 밀무역이 성행했다. 당연히 해적의 약탈품 따위도 밀무역에 포함되어 있었을 것이다. 그런 기회를 활용해 성공한 상인 중 하나가 키드였다. 키드는 뉴욕에서 수척의 배를 소유한 상인으로 성공했다.

앞서 살펴보았듯이, 1670년의 마드리드 조약 체결 이후 잉글랜드는 버커니어 단속에 나섰지만 얼마 안 가 그 방침은 철회되었다. 1688년 유럽에서의 패권 확대를 노린 프랑스의 루이 14세와 이를 저지하려는 유럽 제국 동맹의 전쟁이 시작된 것이다.

프랑스와 잉글랜드가 전쟁 상태가 되자 북아메리카 식민지에도 영향이 미쳤다. 전쟁이 시작되자 해군력을 보충하기 위해 또 다시 사략 행위를 인정한 것이다.

프랑스의 사략선은 잉글랜드의 선박과 북아메리카의 잉글랜드 식민지를 습격했다. 그러자 잉글랜드도 사략 허가장을 발행해 프랑스 선박에 대한 공격을 장려했다. 이때 사략선을 이끌고 바다로 나간 인물이 키드였다.

키드는 1690년 카리브 해에서 프랑스의 사략선 2척을 나포하는 성과를 거두었다. 그런데 배 수리를 위해 소 앤틸리스 제도의 안티과 섬에 들렀을 때 사건이 일어났다. 항해사 로버트 클리포드가 선원들을 부추겨 배를 강탈한 것이다. 클리포드는 프랑스 배뿐 아니라 자유롭게 해적질을 하는 편이 수익이 클 것이라는 생각에 키드의 배를 빼앗아 온전한 해적으로 전향한 것이다.

키드는 그 후에도 계속 프랑스의 배를 공격해 후에 뉴욕의 식민지 의회에서 표창을 받을 정도의 활약을 보였다. 키드는 끝까지 해적이 아닌 사략 행위에 머물렀던 것이다.

17세기 후반에는 버커니어들의 활동 영역이 카리브 해를 넘어 인도양까지 미쳤다. 인도양에는 무굴 제국의 상선 외에도 잉글랜드, 프랑스, 네덜란드의 동인도 회사 소속 상선이 오고 갔기 때문에 그들을 노린 해적이 횡행한 것이다. 특히, 마드리드 조약 체결로 스페인에 대한 사략이 금지되자 다수의 버커니어들이 인도양으로 향했다. 그들은 인도양과 카리브 해 혹은 인도양과 북아메리카 식민지를 오가며 해적질을 했다.

인도양에서 해적 행위가 성행하자 무굴 제국이나 자국의 동인도 회사의 요청을 받은 잉글랜드는 해적 진압에 착수했다. 하지만 프랑스와 전쟁 중이라 해군 함대를 파견할 여유가 없었던 잉글랜드는 민간 사략선에 해적 소탕을 위임했다. 그때 지목된 사람이 사업차 런던을 방문했던 키드였다.

잉글랜드 정계의 유력자 베르몬트 백작의 요청으로 키드는 사략선을 이끌고 인도양으로 향하게 되었다. 베르몬트 백작의 호소로 정재계에서 출자금이 모이고 국왕의 사략 허가장도 받는 등 모든 준비를 마쳤다.

1696년 2월 선원 150명을 태운 키드의 어드벤처 호는 템스 강 남쪽의 뎃퍼드를 출항했다.

키드의 항해는 출발부터 순탄치 않았다. 출항 직후 템스 강 하구에서 잉글랜드 함대의 정박 명령을 받고 선원의 절반가량을 징발당했다.

우여곡절 끝에 바다로 나온 키드는 2개월여에 걸쳐 대서양에서 프랑스 선박과 해적선을 수색했지만 별 다른 성과를 얻지 못하고 일단 뉴욕으로 돌아와 선원을 보충했다. 뉴욕에서 모은 선원 70여

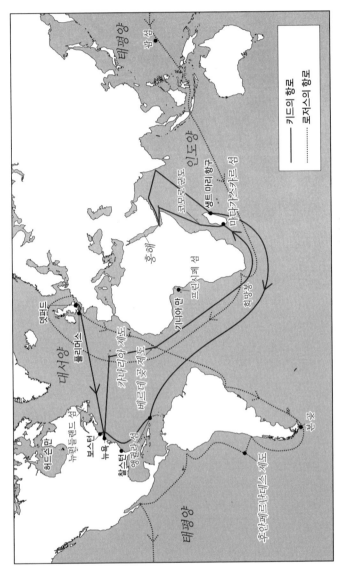

그림 4-19 키드와 로저스의 항해도

명은 전시라 인력이 부족한 탓도 있어 신원이 불확실한 버커니어 출신들이 다수였다. 어찌 되었든 키드는 9월이 되자 뉴욕을 출발했다.

키드의 사략 활동은 적선을 나포하지 못하면 선원들의 보수도 보장하지 않았다. 이 조건은 후에 키드의 추락을 부르는 요인이 되었다.

사략에서 해적으로

인도양으로 향한 키드의 어드벤처 호는 해적의 거점인 코모로 군도에 이르렀다. 근해를 수색했지만 해적을 만나지 못한 채 10개월이 흘렀다. 적선을 만나지 못했다는 것은 선원들의 보수도 없다는 뜻이었다.

뉴욕에서 합류한 선원들을 중심으로 선장인 키드에게 공공연히 불만을 표출하는 이들이 늘어났다. 키드는 항로를 바꿔 인도양을 북상해 홍해로 향했다.

홍해는 지중해와 인도양을 잇는 중요한 항로로 아랍의 상선단과 인도 무굴 제국의 상선단 등이 오고갔다. 키드는 홍해 어귀의 한 섬에 배를 정박했다.

그는 홍해를 항해하는 아랍의 상선단을 공격 목표로 정했다. 그것은 명백히 키드에게 부여된 사략 권한을 벗어난 일이었다. 하지만 선원들의 불만이 극에 달한 데다 이교도 선박에 대한 습격은 용인될 것이라는 판단을 내렸던 듯하다.

하지만 그즈음 아랍의 상선단은 해적의 습격에 대비해 경계를 강화하고 잉글랜드, 네덜란드, 프랑스 등의 함선을 호위함으로 고용했다.

마침내 키드의 눈앞에 아랍의 상선단이 나타났다. 키드의 어드벤처 호는 상선단에 집중 포화를 퍼부었지만 잉글랜드 호위함의 반격으로 목적을 달성하지 못하고 후퇴했다.

습격은 실패했지만 이 사건은 그동안 그가 지켜왔던 선을 넘는 커다란 전기가 되었다. 그 후로도 그는 인도 서부 연해에서 해적질을 일삼았다.

다만 그는 끝까지 자신의 행위를 정당한 것으로 믿었던 것 같다. 키드는 항해 중인 상선을 발견하면 프랑스 국기를 펄럭이며 다가가 프랑스 사략선으로 착각한 선장이 프랑스에서 발행한 통행증을 꺼내는 순간 정체를 밝히고 상선을 나포하는 방식을 취했다.

1699년 1월 말에는 같은 방식으로 아르메니아의 상선 퀘다 머천트 호를 나포했다. 중국의 비단 등을 가득 실은 그 배는 이번 원정의 가장 큰 수확이었다. 하지만 퀘다 머천트 호의 선장은 잉글랜드인이었다. 또 프랑스의 통행증을 가지고 있었다고는 해도 애초에 아르메니아 상선 나포는 키드의 사략 권한 밖의 행위였다. 그럼에도 키드는 아르메니아 상선을 나포해 달아났다.

키드는 서쪽으로 진로를 바꿔 마다가스카르의 생트 마리 항구로 향했다. 해적의 거점으로 알려진 장소였다. 키드는 그곳에서 뜻밖의 인물을 만난다. 과거 카리브 해에서 키드의 배를 빼앗아 달아난 클리포드였다. 그는 카리브 해에서 인도양으로 건너가 잉글랜드의 동인도 회사에서 선장으로 일하다 또 다시 배를 훔쳐 해적으로 전향한 것이다.

훗날 재판정에 선 키드는 이때 클리포드의 배를 나포하려고 했지만 선원들의 배신으로 실패했다고 증언했다. 하지만 한편으로는 같은 해적 동료로서 가깝게 지냈다는 증언도 있다.

키드는 한 달가량 생트 마리에 머무르다 1699년 4월 뉴욕으로 돌아가는 길에 카리브 해의 앵귈라 섬에 들렀다.

그곳에서 키드는 충격적인 소식을 듣는다. 자신을 해적으로 규정한 국왕의 체포 명령이 내려진 것이었다.

키드의 퀘다 머천트 호 나포 소식은 이미 런던에까지 전해져 해적 소탕의 사명을 띤 함선이 해적으로 탈바꿈한 사건으로 논란의 중심에 있었다.

그리고 애초에 프랑스와의 전쟁은 키드가 퀘다 머천트 호를 나포하기 1년 반 전인 1697년 9월에 종결된 상황이었다. 키드는 미처 몰랐지만 이미 그가 받은 사략 허가장은 효력이 없었다. 국왕 윌리엄 3세는 해적으로 전향한 키드를 체포하기 위해 인도양으로 함대를 파견했다.

그래도 키드는 자신의 결백을 믿었는지 북아메리카 식민지 보스턴의 총독이 된 베르몬트 백작을 찾아갔다. 하지만 키드는 보스턴에서 붙잡혀 런던으로 송환되었다.

그림 4-20 교수형에 처해진 키드

1701년 런던의 서민원에서 심문이 시작되고 이어서 런던 중앙형사재판소에서 키드의 재판이 열렸다.

키드는 항해 중 선원을 살해한 일과 해적 행위로 사형 판결을 받았다. 한 달도 안 돼 형이 집행되면서 5년 전 키드가 함선을 이끌고 출항했던 템스 강 남쪽의 처형장에서 교수형에 처해졌다. 그의 시신은 타르를 발라 해적 행위에 대한 본보기로 수년간 효시되었다고 한다.

한편, 키드는 보스턴에서 체포될 당시 약탈한 보물을 숨겨놓았다고 말했는데 실제 그중 일부가 그가 증언한 장소에서 발견되었다. 하지만 약탈한 보물의 양에 비해 발견된 것이 너무 적었기 때문에 어딘가에 키드의 또 다른 보물이 숨겨져 있을 것이라는 소문이 돌았다. 이 이야기는 훗날 스티븐슨의 『보물섬』과 에드거 앨런 포의 『황금벌레』의 모티브가 되기도 했다.

베스트팔렌 체제 성립

모건과 키드가 활동했던 17세기는 국제 정치의 전환기이기도 했다.

1618년에 시작된 30년 전쟁은 신성 로마제국 내의 가톨릭과 프로테스탄트의 종교 전쟁이 발단이 되어 유럽 제국까지 개입한 대대적인 전쟁으로 발전했다. 수백만 명의 희생자를 낸 30년 전쟁은 1648년 베스트팔렌 조약 체결로 막을 내렸다. 그리고 30년 전쟁 이후의 국제 정치 체제는 '베스트팔렌 체제'로 불리게 된다. 베스트팔렌 체제의 가장 큰 특징은 주권국가 체제였다.

주권국가 체제란, 로마 교황이나 신성 로마제국 황제 등의 권위와 지배를 배제하고 각 나라가 독립적으로 통치하는 정치 체제이다. 프랑스의 장 보댕이 주장한 왕권신수설은 신으로부터 통치권을 위임받은 국왕의 절대 권력을 정당화했다.

한편, 17세기 잉글랜드의 사상가 토머스 홉스는 왕권신수설과 같이 신의 권위를 내세우지 않고 사회계약론이라고 불리는 주장을 펼치며 왕권 국가 체제를 설명했다.

홉스는 국가 탄생 이전의 '자연 상태'를 상정하고 자연 상태의 인간은 '만인의 만인에 대한 투쟁' 상태에서 끊임없이 투쟁하다 공멸할 것이라고 보았다. 그런 상황에서 인간은 자신의 생존을 최우선으로 생각하기 때문에 주권자와 '사회 계약'을 맺고 자신의 권리를 양보하는 대신 생명의 안전을 보장받는다.

반대로 말하면, 주권자는 인민의 생존을 보장하는 조건으로 국가 내에서 폭력을 독점하고 권력을 행사하는 것이 정당화된다. 홉스의 주장은 주권자가 국왕이면 절대 왕정의 이념이 되고 주권자를 의회라고 하면 근대 민주주의 국가의 사상으로 볼 수 있다.

어쨌든 주권국가 체제에서는 국가에 의한 폭력의 독점이 정당화된다. 실제 17세기 이후 봉건제하에서 귀족과 용병 등으로 분산되어 있던 병력은 절대왕정이나 공화정 체제에서 국군으로 편성되었다.

해군 역시 잉글랜드는 17세기 중반의 공화정 시대와 그 후의 왕정복고 시대에 해군이 정비되고 프랑스에서도 같은 시기인 루이 14세 시대에 해군을 증강했다. 물론, 17세기부터 18세기에 걸쳐 전시에 부족한 전력을 보충하기 위해 사략선을 허가하고 활용했지만 시대의 흐름에 따라 점차 사략선에 대한 의존도가 낮아졌다.

해양 논쟁

이 시기는 주권국가 체제로의 변화와 함께 해양을 둘러싼 규정도 변화했다.

다카바야시 히데오의 저서 『영해 제도의 연구』에 따르면, 중세까지 해양은 소유의 대상이 아니었으며 독점적인 이용도 없었다고 한다. 예외적으로 베네치아가 아드리아 해를, 제노바가 리구리아 해의 영유를 주장하는 등 이탈리아 도시들이 근해의 영유권을 선언했지만 해양을 둘러싼 결정적인 변화가 일어나게 된 계기는

1494년 스페인과 포르투갈이 맺은 토르데시야스 조약이었다.

앞서 살펴보았듯이, 토르데시야스 조약은 스페인과 포르투갈이 가상의 경계선을 기준으로 대서양을 분할한 조약이다. 또 1529년의 사라고사 조약에서는 아시아에 대한 두 나라의 세력권을 나눔으로써 사실상 두 나라가 세계의 해양을 분할하고 독점적 지배를 선언했다. 잉글랜드, 네덜란드, 프랑스 등이 그런 해양 지배에 도전해온 역사는 앞에서 살펴보았다.

1539년 가톨릭 신학자 프란스시코 데 비토리아는 살라만카 대학 강연에서 해양의 자유를 언급하면서 선교에 유리하다면 스페인의 포교나 통상의 독점을 인정한다는 사실상 스페인의 독점적인 해양 정책을 용인하는 태도를 취했다.

한편, 네덜란드의 법학자 휴고 그로티우스는 해양의 분할과 영유를 날카롭게 비판했다. 그로티우스는 1609년의『해양 자유론』과 1625년의『전쟁과 평화의 법』에서 육지와 달리 바다는 경계선이 없고 광대해서 실효 지배할 수 없으며 모든 이들이 공동으로 사용해도 충분하다는 관점에서 자연법에 근거해 해양은 영유할 수 없고 누구에게나 열려 있다고 주장했다.

그러자 잉글랜드의 법률가 존 셀던은 1635년에 발표한『해양 폐쇄론』에서 그로티우스의 주장을 반박했다. 그는 바다도 연안의 지형 등을 통해 경계를 정할 수 있는 점, 대양의 실효 지배는 어렵지만 연해는 실효 지배할 수 있다는 점, 바다에도 어업과 통상 등의 자원은 유한하다는 점을 들어 바다의 영유를 저해하는 자연법이나 만민법이 존재하지 않는다며 해양의 영유를 주장했다.

그로티우스와 셀던의 해양 논쟁에 대해 같은 17세기 독일의 법학자 푸펜도르프는 연안 해역과 외양을 구별해 연안 해역 영유에 대한 정당성을 인정했다. 푸펜도르프의 이해는 그 후 영해와 공해의 구별에 근거한 해양법의 발전으로 이어졌다. 이른바, 영해에서 주권국가의 영유권을 인정하는 동시에 공해에서는 항해의 자유가 확립되었다.

앞서 살펴보았듯이, 잉글랜드는 1670년의 마드리드 조약으로 스페인으로부터 자메이카 섬 등의 영유권을 인정받고 프랑스도 1697년의 라이스바이크 조약으로 히스파니올라 섬의 서쪽 3분의 1 지역에 대한 영유권을 인정받았다. 또 잉글랜드와 프랑스는 17세기 후반부터 카리브 해와 북아메리카 식민지에서 무역과 플랜테이션 사업을 본격화했다.

그런 그들에게 해상과 연안 도시에서 약탈을 일삼는 해적은 상업 활동을 저해하는 해로운 존재였다. 그리하여 17세기 후반 이후 해적을 용인하는 정책이 개정되고 단속도 강화되었다.

잉글랜드에서는 1699년에 해적법이 제정되면서 식민지 법정에서도 해적 행위에 대한 재판을 열고 처벌할 수 있게 되었다. 사실상 방치에 가까웠던 해적들을 더는 용인하지 않고 엄벌에 처하게 된 것이다.

17세기 후반 이후 자유 해역으로서의 공해에서 상업 활동을 저해하는 해적 행위는 불법이자 근절해야 할 대상이 되었다. 앞서 살펴본 키드의 처형은 그런 시대의 변화를 상징하는 사건이었다고 할 수 있다.

로저스의 세계 일주

1700년 11월 스페인 왕 카를로스 2세가 세상을 떠나자 프랑스왕 루이 14세의 손자이자 스페인 왕실의 혈통을 이어받은 펠리페 5세가 즉위했다. 하지만 프랑스의 세력 확대를 우려한 잉글랜드, 오스트리아, 네덜란드는 펠리페 5세의 왕위 계승을 인정하지 않고 프랑스와 전쟁을 시작한다. 이른바, 스페인 계승 전쟁이다.

1707년 잉글랜드와 스코틀랜드의 통합으로 탄생한 연합왕국(이하 영국으로 표기)은 프랑스와의 전쟁에서 또 다시 사략 행위를 허가했다. 브리스틀 출신의 우즈 로저스(1679년~1732년)는 이 전쟁에서 활약한 영국의 사략선장이다.

1708년 8월 투자 자금을 모은 로저스는 듀크 호와 더치스 호 2척을 이끌고 브리스틀을 나섰다. 로저스의 선단은 카나리아 제도 연해에서 스페인 상선을 나포한 이후 대서양을 횡단해 남미 연안에 도달하고 남미 최남단의 혼 곶을 돌아 태평양으로 진출했다.

로저스의 선단은 칠레 연해의 후안페르난데스 제도에서 섬에 버려진 스코틀랜드인 알렉산더 셀커크를 발견해 구출했다. 과거 선원이었던 셀커크는 선장과의 다툼으로 섬에 버려져 4년 4개월여를 섬에서 혼자 살았다. 셀커크는 야생 염소며 가재 등을 잡아먹고 직접 집을 짓고 옷을 만들어 입으며 간신히 살아남았다고 한다. 셀커크의 생존기는 로저스가 귀국 후 출간한 『세계일주기』에 자세히 그려지는데 당시 그 내용이 대니얼 디포의 창작욕을 자극해 소설 『로빈슨 크루소』가 탄생했다고 알려진다.

한편, 태평양에 진출한 로저스의 선단은 페루 연해에서 스페인 선박을 포획했다. 또 태평양을 수색하던 중 괌 섬 연해에서 스페인의 갈레온 선을 만나 전투를 벌였다. 로저스는 턱에 총상을 입었지만 갈레온 선을 나포하는 데 성공했다. 그 후, 인도양과 희망봉을 돌아 1711년 10월 영국으로 돌아왔다. 로저스가 가져온 보물과 모험의 기록으로 그는 영국의 새로운 영웅이 되었다.

로저스의 항해는 프랑스와 스페인에 대한 해적 행위로 볼 수 있지만 로저스 본인은 자신의 원정을 모국을 위한 전쟁 행위를 겸한 정당한 투자 사업으로 여겼다.

로저스는 버커니어에 대해 다음과 같이 날선 기록을 남겼다.

그들(버커니어)은 아무런 규제 없이 생활하며 뭐든 손에 넣으면 금방 써버리고 만다. 돈이든 술이든 수중에 들어오면 무일푼이 될 때까지 도박을 하고 술통이 바닥날 때까지 마셔버렸다. 도박을 하거나 술을 마실 때는 선장과 선원의 구분도 없다. 상급 선원의 권한은 다수의 동료들에 의해 일시적으로 주어지는 것일 뿐 언제든 권한을 박탈당하거나 교체될 수 있었다. 그러니 일이 제대로 돌아갈 수 없다. 버커니어들은 자기 나라에서 용사

로 대접받기도 하지만 내가 듣기에 그들이 진정으로 용기와 분
별력을 발휘한 예는 전무하다.

(우즈 로저스 『세계일주기』 중에서)

로저스는 프랑스와 스페인 전쟁의 일환으로서 정당하고 분별 있
는 사략 행위와 버커니어들의 난폭하고 거친 해적 행위를 명확히
구별했다. 그리고 로저스는 버커니어들을 철저히 공략했다.

해적 공화국

1713년 위트레흐트 강화조약이 체결되면서 스페인 계승전쟁은
막을 내렸다. 이 조약으로 영국은 프랑스로부터 허드슨 만과 뉴펀
들랜드 등의 북아메리카 식민지 일부를 할양받는 동시에 스페인
식민지에서 상업상 특권을 받게 되었다.

한편, 전쟁 중 사략을 구실로 약탈을 일삼았던 버커니어들은 전
쟁이 끝난 후에도 파나마의 뉴프로비던스를 거점으로 약탈 행위
를 계속했다. 더 이상 사략이 아닌 단순한 해적 행위였다.

뉴프로비던스는 영국의 영토였지만 전쟁 중에 프랑스와 스페인
의 공격으로 황폐화되면서 버커니어들이 모여들었다. 만 안쪽에
위치한 항구 어귀에는 모래사장이 있어 대형 선박이 정박하지 못
했는데 그런 지형이 오히려 해적들의 근거지로는 최적이었다.

뉴프로비던스에는 뒤에서 이야기할 검은 수염 티치를 비롯한 카

리브 해의 해적들이 모여들어 스페인뿐 아니라 영국의 선박들까지 습격하고 약탈을 일삼았다. 뉴프로비던스의 도시는 약탈품을 되파는 밀무역 상인들이 모여들면서 번화가가 생겨나는 등 활기가 가득했다.

홍미로운 것은, 앞서 로저스도 언급했듯이 해적 사회의 원시적이면서도 민주적인 측면이다.

예컨대, 선장이나 조타수 등의 직위는 타고난 신분이 아니라 선원들의 투표로 결정되고 선상에서의 규약이나 각자의 몫도 미리 정해져 있는 비교적 평등한 사회였다. 나중에 등장하는 바르톨로뮤 로버츠의 해적선에는 다음과 같은 규칙이 있었다고 한다.

1. 모든 승무원은 중대사항의 표결에 대해 동등한 표결권을 가진다. ……
2. 나포한 배에는 승무원 전원이 명부에 따라 공평하고 질서 정연하게 승선한다. ……
3. 주사위 놀이든 카드놀이든 절대 돈을 걸고 도박을 해서는 안 된다.
4. 밤 8시에 소등한다. 소등 시간 이후에 술을 마시려면 갑판에서 마셔야 한다.
5. 즉각 사용할 수 있도록 각자의 총, 권총, 단검은 항상 정비한다.
6. 여자와 아이는 절대 배에 태우지 않는다. 여자를 꾀어 배

에 데려온 것이 발각되면 사형에 처한다.

7. 전투 중에 배를 버리거나 자기 위치를 떠나는 경우는 사형 혹은 무인도에 버린다.

8. 선상에서 동료들과 싸워서는 안 된다. 다툼이 생기면 당사 자들끼리 육지에 내려 칼과 권총으로 결판을 낸다.

9. 누구든 자신의 몫이 1,000파운드가 될 때까지 배를 떠날 수 없다. 근무 중 불구가 된 승무원에게는 800달러, 그 밖 의 경우에도 상해 정도에 따라 공동 기금에서 보상금을 지 불한다.

10. 선장과 조타수는 전리품 배당 몫의 2배, 마스터, 갑판장, 포 술장은 1.5배, 그 밖의 상급 선원은 1.25배의 몫을 받는다.

11. 악사들은 안식일에만 쉴 수 있다. 나머지 6일은 특별한 배려가 있는 경우를 제외하고는 쉴 수 없다.

(찰스 존슨 『해적열전』 중에서)

당시 유럽이 엄격한 신분제 사회이자 절대왕정 시대였다는 것을 생각하면 해적 사회의 독자성이 뚜렷이 드러난다.

뉴프로비던스에서는 버커니어들이 총회를 통해 선출한 인물을 총독으로 추대함으로써 '해적 공화국'이나 다름없는 해방구를 만 들었다. 실로 카리브 해적의 황금기였다.

하지만 '해적 공화국'은 갑작스럽게 막을 내린다.

영국 국왕 조지 1세(재위 1714년~1727년)가 해적 소탕을 결의한 것이다. 조지 1세는 포고령을 내려 1718년 9월까지 투항한 해적은 사면하겠지만 투항을 거부하고 해적질을 계속하는 자는 엄벌에 처하겠다고 선언했다.

그리고 조지 1세는 신임 바하마 총독을 파견했다. 해적 소탕 임무를 맡은 신임 총독은 스페인 계승전쟁 당시 사략선장으로 활약했던 로저스였다.

국왕의 포고령을 전해들은 뉴프로비던스의 버커니어들은 총회를 열어 논의를 벌였다고 한다. 하지만 의견을 모으지 못하고 국왕의 포고령에 따라 해적을 그만두거나 해적질을 계속하기 위해 뉴프로비던스를 떠나는 사람도 있었다.

1718년 봄 신임 바하마 총독 로저스가 뉴프로비던스에 도착했다. 로저스는 요새를 쌓아 섬의 방어 체제를 정비하고 투항한 해적들까지 끌어들여 해적 토벌을 준비했다. 머지않아 로저스와 카리브 해적들의 전쟁이 시작되었다.

검은 수염 티치

1724년에 발표된 찰스 존슨 선장의 『영국 해적사』에는 이 시기 카리브 해의 해적들이 다수 등장한다. 찰스 존슨이 실은 『로빈슨 크루소』의 저자 대니얼 디포라는 설이 화제가 되기도 했지만 아직까지 확실한 결론은 나오지 않았다.

어쨌든 『영국 해적사』에 등장하는 30명 이상의 해적 두목들 중

그림 4-21 에드워드 티치

에서도 특히 유명한 인물이 검은 수염 티치라 불리는 에드워드 티치이다.

존슨의 기록에 따르면, 티치는 얼굴을 뒤덮은 검은 수염을 가닥가닥 땋아 귀 뒤로 넘겼으며 모자 아래에는 화약심지를 매달고 어깨에 두른 가죽 벨트에는 권총 3벌이 꽂혀 있었다고 한다. 전투 시 흉포한 눈빛으로 상대를 노려보는 모습은 지옥의 여왕을 능가하는 공포를 주었다고 한다.

티치의 흉포함은 겉모습뿐 아니라 행동에서도 나타났다.

어느 날, 선원 한 명과 선장실에서 술잔을 주고받던 티치는 은밀히 탁자 밑에서 권총 2정을 뽑아 방아쇠를 당겼다. 권총 한 정은 불발되었지만 다른 한 정은 남자의 무릎을 관통했다. 대체 왜 그런 짓을 했냐고 묻자 티치는 '가끔 수하 한 명쯤 죽이지 않으면 너희들이 이 몸이 누구신지 잊을 것 아니냐'고 대답했다고 한다.

존슨에 따르면, 우연히도 로저스와 같은 브리스틀 출신의 티치는 스페인 계승전쟁 당시에는 사략선의 선원으로 배를 탔지만 전쟁이 끝난 1716년 말에는 해적선의 선장이 되어 북미와 중미 연해에서 약탈 행위를 했다고 한다.

예컨대, 북미 사우스캐롤라이나의 찰스턴 연해에서는 영국의 여객선을 나포했다. 티치는 찰스턴에 전령을 보내 의약품을 제공하지 않으면 승객을 모두 죽이겠다고 협박하고 그의 요구대로 의약품이 도착하자 승객을 풀어주고 배에 실린 금은을 빼앗아 떠났다고 한다.

이 시기 현지의 식민지 총독 중에는 해적과 내통해 전리품을 나눠 갖는 자도 있었다. 노스캐롤라이나 총독 찰스 이든과 친분이 있던 티치는 한동안 노스캐롤라이나에 머물렀다.

해적들이 눌러앉자 주민들은 몰래 버지니아 총독에게 사태를 호소하고 티치를 물리쳐 줄 것을 요청했다. 1718년 11월 버지니아 총독은 로버트 메이너드 대위가 지휘하는 함선을 파견했다.

메이너드의 함선이 티치의 해적선이 정박한 노스캐롤라이나의 포구에 도착했을 때 티치의 배에는 선원 25명뿐이었고 그마저도

술판이 벌어져 잔뜩 취해 있었다고 한다.

하지만 수상한 낌새를 눈치 챈 티치가 포를 쏘며 메이너드를 향해 '웬 놈이냐, 어디에서 왔느냐'고 외쳤다. 곧 이어 양측의 일제 사격이 시작되었다고 한다.

티치는 가까이 다가온 메이너드의 배에 수제 폭탄을 던지고 부하들과 함께 메이너드의 배에 올라탔다. 배 위에서 격렬한 전투가 벌어졌다. 티치와 메이너드는 서로에게 권총을 쏘다 마지막에는 칼을 뽑아들고 싸웠다고 한다.

존슨이 묘사한 티치의 최후는 다음과 같았다.

메이너드 대위의 부하 12명과 검은 수염의 부하 14명이 격렬한 육탄전을 벌이면서 바다는 피로 물들었다. 검은 수염은 메이너드가 쏜 총에 맞고도 쓰러지지 않고 무시무시한 형상으로 계속 싸웠다. 온몸에 25군데 상처를 입고 그중 5군데는 총상이었다. 그는 권총 여러 정을 발사하고 마지막 한 정에 탄알을 넣으며 쓰러졌다.

(찰스 존슨 『해적열전』 중에서)

전투가 끝나고 티치의 목은 메이너드의 뱃머리에 매달리게 되었다. 또 붙잡힌 해적들은 교수형에 처해졌다. 그렇게 전설의 해적 검은 수염 티치는 짧았던 영광의 생애를 마감했다.

두 명의 여성 해적

앞서 살펴본 해적의 규약에도 있었지만 당시 여성들은 해적선에 탈 수 없었다. 배는 남자들만의 세계였다. 그런 시대에 이름을 알린 두 명의 여성 해적이 있다. 앤 보니와 메리 리드이다.

아일랜드에서 태어난 앤 보니는 농장을 경영하던 아버지를 따라 북아메리카 식민지 캐롤라이나로 이주했다. 그 후, 앤은 젊은 뱃사람과 사랑에 빠져 몰래 도망쳤다. 두 사람이 향한 곳은 뉴프로비던스였다.

앤은 그곳에서 해적 두목 존 래컴을 만났다. 래컴은 앤에게 빠져 수차례 고가의 선물을 보냈다. 무능력한 남편에게 실망한 앤은 정식으로 이혼하고 래컴과 함께 바다로 나갔다.

본래 성격이 거칠고 힘도 셌던 앤은 해적 생활에 금방 적응했다고 한다. 앤에 대해 기록한 존슨의 『영국 해적사』에 따르면, 배에서는 여자라는 것을 숨기기 위해 남장을 했지만 전투가 벌어지면 누구보다 용감히 싸웠다고 한다.

또 다른 여성 해적으로 알려진 메리 리드는 영국에서 태어났다. 남편이 집을 나가고 홀로 메리를 키운 그녀의 어머니는 양육비를 얻기 위해 그녀를 남자아이로 키웠다고 한다. 메리는 13세 무렵 군대에 자원했다. 군대에서도 여자라는 것을 들키지 않았다고 한다. 하지만 군대에서 한 청년과 사랑에 빠져 스스로 여자라는 것을 밝히게 된다. 두 사람은 군대를 나와 결혼하고 술집을 차렸다.

작은 행복을 얻은 메리에게 비운이 덮친다. 남편이 갑작스럽게

그림 4-22 앤 보니(왼쪽)와 메리 리드(오른쪽)

세상을 떠난 것이다. 메리는 생계를 위해 또 다시 남장을 하고 카리브 해로 가는 상선에 오른다. 그런데 그 배가 영국 해적에게 포획된 것이었다. 해적들은 메리를 무리에 끌어들였다. 그리고 카리브 해에 도착해 옮겨 탄 배가 래컴의 해적선이었다. 우연히도 남자로 변장한 앤과 메리가 같은 배에 타게 된 것이다.

존슨의 기록에는, 앤이 남장을 한 메리에게 호의를 품고 다가갔다가 서로 여자인 것을 알게 되었다고 한다. 그 일은 래컴을 포함한 세 사람만의 비밀이 되었다.

한편, 앤과 메리도 당시 해적들에게 닥쳐온 운명을 피하지 못했다. 1720년 영국 국왕의 포고령을 무시하고 자메이카 연해에서 해적질을 계속 하던 래컴의 배가 경계 중이던 영국 함선의 공격을 받왔다.

이때 갑판에 나와 끝까지 싸운 사람은 앤과 메리 단 둘뿐이었다고 한다. 존슨의 기록에 따르면, 메리는 갑판 아래에 숨은 해적들을 향해 총을 쏘며 '나와서 남자답게 싸워라'고 외쳤다고 한다.

결국 앤과 메리를 포함한 래컴의 선원들은 모두 붙잡혀 자메이카 섬으로 연행되었다. 해사법에 따라 해적들에게는 사형 판결이 내려졌다. 래컴은 판결 다음 날 처형되었다. 래컴이 처형되기 전 그를 면회한 앤은 '당신이 교수형을 당하다니 너무나 슬퍼요. 당신이 좀 더 남자답게 싸웠더라면 개처럼 목이 매달리지 않았을 텐데'라고 말했다고 한다.

붙잡힌 해적들은 차례로 처형당했지만 앤과 메리는 교수형을 면했다. 두 사람 모두 임신 중이었기 때문이다. 그 후, 메리는 감옥에서 열병에 걸려 숨을 거두었다. 앤은 감옥에서 출산을 한 것 같지만 그 후의 행방은 알려지지 않았다.

비극적인 인생을 살았던 두 여성 해적 앤과 메리는 찰스 존슨의 저서에 소개되며 역사에 이름을 남기게 되었다.

카리브 최후의 해적

카리브 해적의 황금기에 등장한 최후의 해적은 바르톨로뮤 로버츠였다. 그 역시 해적에 닥친 운명을 피해가지는 못했다.

1718년 2월 런던을 출항한 노예 수송선 프린세스 호가 서아프리카의 기니 연해에서 해적의 습격을 받았다. 당시 프린세스 호의 선원이었던 로버츠는 해적선에 끌려가 선원으로 일하게 되었다.

6주가 지났을 무렵, 해적선의 선장이 기니 만의 프린시페 섬에서 포르투갈 총독의 기습 공격으로 목숨을 잃자 평소 로버츠의 항해 경험과 숙련된 기술 그리고 탁월한 용기를 눈여겨본 선원들에 의해 로버츠가 후임 선장으로 뽑혔다.

존슨의 기록에 따르면, 이때 로버츠는 '흙탕물에 손을 흠뻑 담그고 말았으니 이젠 해적이 되는 수밖에 없다. 이렇게 된 바에 평범한 선원보다 선장이 되겠다'고 말했다고 한다.

해적선 선장이 된 로버츠는 숨은 재능이 발휘된 것인지 바다로 나오자마자 네덜란드와 영국의 선박을 잇달아 포획했다. 그 후, 서쪽으로 진로를 바꿔 남미의 브라질로 향하고 브라질 연해에서 포르투갈 상선단을 맞닥뜨렸다.

로버츠의 해적선은 상선으로 가장해 선단에 섞여 들어가 정박해 있던 배 한 척을 나포했다. 그리고 그 배의 선장을 앞세워 더욱 값비싼 화물이 실린 상선에 접근했다.

로버츠는 목표로 삼은 포르투갈 선박에 일제 포격을 가했다. 갑작스런 공격을 받은 포르투갈 상선은 대포와 깃발로 호위함에 사태를 알렸다. 포르투갈의 군함이 늑장을 부리는 사이 로버츠는 화물을 가득 실은 상선을 나포해 달아났다. 설탕, 가죽, 담배, 장식품, 금화 등을 실은 포르투갈 상선의 가치는 엄청났다고 한다.

로버츠는 남아메리카 기니에서 약탈품을 팔아치우고 카리브 해

그림 4-23 기니 해안의 바로톨로뮤 로버츠

를 건너 이번에는 북아메리카 연해에서 해적질을 했다. 그 후, 카리브 해로 돌아와 잇따라 배를 습격했다. 당시 프랑스 총독의 보고서에는 1720년 10월 말의 나흘 간 프랑스, 영국, 네덜란드 등의 선박 16척이 포획 당했다는 기록도 있다.

서아프리카로 진출한 로버츠는 1721년 봄부터 가을에 걸쳐 기니 연해에서 해적질을 했다. 존슨의 기록에 따르면, 로버츠는 무려 400여 척의 배를 나포했다고 한다.

그 시절 로버츠는 '정상적인 배를 타면 음식은 형편없고 급료도 싼 데다 일은 고되다. 그에 비해 해적선은 배불리 먹고 즐길 수 있는 데다 자유와 권력도 누릴 수 있다. 실패하면 한 번 크게 데고 마는 거지. 어떤 게 이로운 장사인지 따져볼 것도 없다. 굵고 짧게 살자가 내 신조거든'이라고 단언했다고 한다.

하지만 로버츠도 피할 수 없는 운명에 부딪혔다. 1722년 2월 영국의 해군 군함 스왈로우 호가 기니 만에 정박 중인 로버츠의 해적 선단을 발견한 것이다.

스왈로우 호가 해적선단에 다가가려는 때 한 척의 해적선이 스왈로우 호를 공격했다. 스왈로우 호를 포르투갈의 설탕 수송선으로 착각한 것이다.

스왈로우 호는 연해로 도망가는 척하며 포격 거리까지 해적선을 유인한 후 측면 포문을 열고 포격을 개시했다. 순식간에 입장이 역전되었다. 해적선은 달아나려고 했지만 거센 포격에 마스트가 부러지면서 완전히 전의를 상실한 채 항복했다.

한편, 로버츠가 탄 로열 포춘 호는 전투가 벌어진 줄도 모르고 여전히 만에 정박해 있었다. 해적들은 아침부터 연회를 벌이며 동료들이 전리품을 싣고 돌아오기를 기다렸다. 그런데 영국의 군함이 다가온 것이었다.

위기를 깨달은 로버츠는 전력으로 스왈로우 호의 측면을 빠져나가 만을 탈출하는 방법을 택했다.

존슨의 기록에 따르면, 로버츠는 진홍색 조끼와 반바지 차림에 붉은 깃털로 장식한 모자를 쓰고 목에는 다이아몬드 십자가를 매단 금목걸이를 둘렀으며 한 손에는 칼, 어깨에 걸친 비단 띠에는 권총 두 자루를 꽂고 결전에 임했다고 한다.

거리를 좁힌 두 배는 서로 포격을 퍼부었다. 로버츠의 로열 포춘 호는 전속력으로 탈출하려 했지만 바람이 좋지 않아 점점 더 스왈로우 호에 가까워졌다.

그때 스왈로우 호에서 쏜 포탄의 파편이 갑판에 서 있던 로버츠의 목을 관통했다. 로버츠는 그 자리에서 숨을 거두었다고 한다. 존슨은 '그토록 빠른 죽음이 찾아오지 않았더라면 로버츠는 처절하고 절망적인 전투로 마지막을 장식했을 것'이라고 말했다.

선장을 잃은 로열 포춘 호는 저항을 포기하고 항복했다. 로버츠의 해적선단에 있던 264명의 선원들은 모두 붙잡혀 재판을 받았다. 강제로 해적선에 탄 선원은 풀려났지만 남은 선원 중 54명은 사형 선고를 받고 17명은 런던의 감옥에 갇혔다. 오랜 기간 광산에서 중노동형을 선고받은 선원도 있었다.

사형이 선고된 해적들은 아프리카 현지에서 차례로 처형되었다. 해적의 황금기의 종언을 상징적으로 보여주는 사건이었다.

1721년 영국은 새로운 해적 조례를 제정해 식민지 관리와 상인들이 해적과 거래하는 것을 금지했다. 해적과 관계된 자는 해적과 똑같이 처벌한다는 엄격한 내용이었다.

1718년 영국 국왕의 포고령 이후 해적에 대한 단속은 강화되고 그 결과 카리브의 해적들은 점차 모습을 감추었다. 마침내 해적의 황금기는 막을 내렸다.

하지만 여전히 해적이 활동하는 해역이 있었다. 당시 역사의 무대에서 멀어졌던 지중해이다.

제5장
해적의 종언

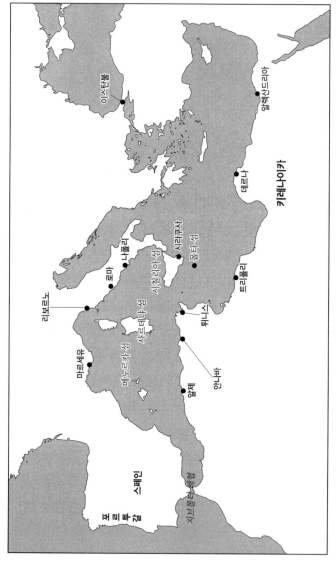

그림 5-1 북아프리카와 유럽의 지도

이스탄불

알렉산드리아

키레나이카

메르나

나폴리

로마

시라쿠사

몰타 섬

트리폴리

리보르노

시칠리아 섬

사르데냐 섬

투니스

마르세유

메노르카 섬

안나바

알제

스페인

포르투갈

지브롤터 해협

레판토 해전 후의 혼란

1571년의 레판토 해전 이후 지중해에서는 스페인과 오스만 제국 또 그 밖의 유럽 제국들 어느 한 곳도 패권을 장악하지 못하고 여러 세력이 혼재하는 상황이 이어졌다.

16세기 이후 북아프리카에서는 알제에 이어 튀니스와 트리폴리도 오스만 제국에 편입되었지만 지리적으로 본국과 거리가 먼 이 지역은 오스만 제국의 직접 지배가 미치지 않아 현지 세력의 자립적인 통치 구조가 확립되었다.

알제에는 오스만 제국의 술탄이 파견한 파샤(총독)가 있었지만 예리체리라고 불리는 터키 군단과 라이스라고 불린 해적 두목들과 같은 현지 세력에 점차 권력을 빼앗겼다. 1659년 파샤에 대한 반란이 일어난 이후 알제 군인 집단의 수장인 데이가 실질적인 지배자가 되었다. 데이는 세습이 아닌 권력 쟁탈전에 승리한 군인이 그 지위를 차지했다.

한편, 튀니스와 트리폴리에서는 유력한 군인이 대두해 권력을 장악하고 각각 후세인 왕조와 카라만리 왕조를 세웠다. 실질적인 지배자인 베이의 지위는 후세인 가와 카라만리 가에서 각각 세습되었다.

유럽에서 '바르바리'라 부르던 이 지역은 레판토 해전 이후에도 해적들의 본거지가 되었다. 알제와 튀니스에서 출항한 해적들이 유럽의 배와 연안을 습격하고 약탈 행위를 계속했던 것이다. 이른바 '바르바리 해적'이었다.

그림 5-2 바르바리 해적의 습격을 받은 프랑스 선(아르트 안토니스, 1615년)
(영국 국립해양박물관)

앞서 살펴보았듯이, 당시 이슬람 세계는 그리스도교 세계와 항시적인 전쟁 상태에 있었기 때문에 특별한 평화조약을 맺지 않는 한 약탈 행위는 정당화되었다. 그런 의미에서 '바르바리 해적'은 전쟁 행위의 일환인 사략 행위였다고도 할 수 있다.

하지만 오스만 제국은 합스부르크 왕조에 대항하기 위해 1536년 프랑스의 특권을 인정하는 조약을 맺고 1579년에는 잉글랜드와, 1613년에는 네덜란드와 같은 조약을 체결해 우호 관계를 구축했다.

그로 인해 북아프리카 영토 내에서 프랑스, 잉글랜드, 네덜란드 상인의 교역이 가능해지고 이들 나라에 대한 '바르바리 해적'의 습격도 줄어들었다. 북아프리카 영토에는 잉글랜드, 프랑스, 네덜란드의 영사가 파견되면서 무역 거점이 구축되었다.

하지만 17세기 전반까지 북아프리카 영토와 이들 나라 사이에는 종종 분쟁이 일어났다. 특히 16세기 말부터 17세기 초반에 걸쳐 잉글랜드, 프랑스, 네덜란드가 각각 스페인과 평화조약을 체결하면서 북아프리카와의 관계가 악화되었다. 상업적 특권 규정에도 불구하고 해상에서 이들 나라의 선박을 습격하는 일이 벌어졌다.

또한 잉글랜드, 프랑스, 네덜란드 이외의 유럽 제국에 대한 '바르바리 해적'의 약탈 행위는 계속되었으며 그 위협은 지중해 전역에 미쳤다.

평화 관계 구축

유럽 제국과 북아프리카의 관계가 안정된 것은 17세기 후반 이후였다. 이 시기 유럽 제국은 북아프리카의 여러 영토와 독자적인 평화조약을 체결했다.

예컨대, 잉글랜드는 1658년 트리폴리, 1662년에는 알제, 튀니스와 조약을 맺었다. 프랑스는 1665년에 튀니스, 1666년에는 알제, 1681년에는 트리폴리와 조약을 맺었다. 네덜란드는 1662년 알제, 튀니스와, 1683년에는 트리폴리와 각각 평화조약을 체결했다.

그리고 이 시기 유럽의 해군력에도 변화가 생겼다. 특히, 16세기 이후 유럽에서는 청동 등으로 주조한 대포가 발달하고 대포의 사정거리와 위력이 향상되었다. 또 앞서 살펴본 갈레온 선과 같이 대포를 다수 장착한 대형 함선이 등장한다. 이처럼 해군력을 강화한 잉글랜드와 프랑스는 북아프리카 영토와의 분쟁에 자국의 함대를 파견했다.

예컨대, 1670년 네덜란드 함대와 함께 알제 원정에 나선 잉글랜드는 도시를 포격하고 또 다시 평화조약을 맺었다. 프랑스도 1682년 알제와 분쟁이 일어나자 함대를 보내 포격을 퍼붓고 최종적으로 평화조약을 체결했다.

잉글랜드와 프랑스가 실력 행사로 평화 관계를 구축했다면 단독으로 지중해에 함대를 파견할 여력이 없었던 네덜란드는 정기적으로 선박 자재와 대포 등을 공납하는 조건으로 북아프리카 영토와 평화조약을 맺었다.

18세기가 되자 3개국 이외의 유럽 제국과 북아프리카 영토 간에 평화 관계가 구축되었다. 지중해 무역에 뛰어든 오스트리아, 스웨덴, 덴마크, 스페인, 베네치아, 나폴리 등이다. 레판토 해전에 참가한 스페인과 베네치아까지 북아프리카 영토와 평화 관계를 구축했다.

이들 나라는 네덜란드와 마찬가지로 북아프리카 영토에 대한 공납을 조건으로 평화조약을 맺었다. 예컨대, 네덜란드는 1712년 알제에 24파운드 대포 10문, 마스트 24개, 밧줄 5타래, 화약 450통, 소총 2,500정, 총신 50상자 등을 보냈다. 베네치아도 1764년 금화 22,000시퀸과 연간 12,000시퀸의 금화를 공납했다.

평화조약을 체결했다고는 해도 북아프리카 영토와 문제가 없었던 것은 아니다. 1772년에는 공납 문제로 덴마크와 알제의 관계가 악화되었다. 덴마크의 함대가 알제에 파견되었지만 결국 덴마크는 또 다시 새로운 공납을 조건으로 조약을 맺었다. 베네치아와 튀니스 사이에도 1784년부터 1792년에 걸쳐 분쟁이 일어났다.

하지만 전체적으로 18세기에는 유럽 제국과 북아프리카 영토 간에 평화 관계가 구축되고 '바르바리 해적'의 활동도 진정되었다.

앞서 말했듯이, 프랑스와 영국 이외의 유럽 제국들은 북아프리카와 공납을 전제로 한 평화조약을 체결했다. 유럽 제국은 지중해 무역에 종사하는 자국 상선의 안전을 보장한다는 실리적 관점에서 북아프리카에 공납을 하고 평화관계를 유지했다. 말하자면, 유럽 제국은 '바르바리 해적'의 존재를 용인한 가운데 북아프리카 영토와 공존했던 것이다.

아메리카 합중국 건국

18세기 전반 카리브 해에서는 해적이 사라지고 황금기도 막을 내렸으며 지중해에서는 북아프리카 영토와 평화조약을 맺음으로써 해적 활동이 진정되었다. 하지만 그런 상황에 의문을 품고 '바르바리 해적' 문제에 전면적으로 나선 나라가 있다. 1776년에 독립을 선언한 아메리카 합중국이다.

아메리카는 독립 전쟁을 거쳐 1783년 파리조약에 의해 국제적으로 승인되었다. 1789년 합중국 헌법이 발효되면서 독립국가로서의 지위를 확립했다. 하지만 아메리카 합중국의 건국 즉 영국으로부터의 독립은 지중해에서 새로운 문제를 일으켰다. '바르바리 해적'과의 조우였다.

그때까지 영국의 비호를 받으며 활동했던 아메리카 상선은 독립 후 '바르바리 해적'의 약탈 대상이 되었다. 북아프리카 영토의 입장에서는 평화조약을 체결하지 않은 미국의 상선이야말로 좋은 표적이었다.

1783년 3월 마르세유를 떠난 아메리카 상선 2척이 알제의 갤리선에 쫓기다 겨우 도망친 사건이 일어났다. 2척 모두 스페인 해역으로 도망가 나포를 피한 것이었다. 그 후 '바르바리 해적'에 대한 대처는 아메리카의 시급한 과제가 되었다.

1784년 5월 아메리카 의회는 유럽에 머무르던 벤저민 프랭클린, 존 애덤스, 토머스 제퍼슨 세 사람에게 북아프리카 영토와의 평화조약 체결을 위한 교섭 권한을 맡겼다. 1785년 2월에는 8만 달러의 예산을 책정해 조약 체결을 진행했다.

그런데 그때 사건이 발생했다. 같은 해 7월 아메리카 상선 마리아 호와 돌핀 호 2척이 선원 21명과 함께 알제의 갤리선에 잇따라 나포된 것이다.

게다가 알제가 아메리카에 선전포고를 하면서 양 측의 대립이 격화되었다. 주영 공사 애덤스와 주불 공사 제퍼슨은 북아프리카에서의 교역 경험이 있는 아메리카인 존 램을 특사로 임명해 알제에 파견했다.

1786년 3월 알제로 간 램은 평화조약은커녕 마리아 호와 돌핀 호 선원들의 석방 교섭에도 실패하고 빈손으로 돌아왔다.

미국과 알제의 교섭은 그 후로도 난항을 겪었다. 마리아 호와 돌핀 호의 선원들이 미국으로 돌아오는 것은 그로부터 10년이 지난 1797년이었다.

애덤스 · 제퍼슨 논쟁

훗날 아메리카의 제2대 대통령이 된 애덤스와 제3대 대통령이 된 제퍼슨 두 사람은 아메리카 독립운동의 지도자이자 초대 워싱턴 대통령의 부대통령과 국무장관으로 아메리카 합중국 건국에 기여했다. 다만 애덤스는 보수적 혹은 현실주의적이고 제퍼슨은 진보적 혹은 이상주의적인 성향이었다고 평가한다. 두 사람의 상반된 정치 성향은 '바르바리 해적' 대책에서도 나타났다.

1784년 12월 15일 주영 대사 애덤스는 아메리카 연합회의의 외무장관 존 제이에게 '바르바리 해적' 문제에 대해 보고했다.

애덤스는 아메리카가 지중해 무역을 통해 얻는 이익과 전쟁에 드는 비용을 생각했을 때 공납을 거부하고 '바르바리 해적'을 진압한다는 결단은 '영웅적이지만 현명한 행동은 아니다'라는 현실적인 입장에서 공납을 받아들이고 평화조약을 체결할 것을 제안했다.

1786년 2월 22일 애덤스는 외무장관 제이에게 조약을 맺지 않으면 '단기적으로 거액의 전쟁 비용이 들 뿐 아니라 아메리카 합중국의 명성은 급격히 저하하고 상업 활동에 대한 심대한 방해와 보

그림 5-3 존 애덤스
(존 트럼벌, 1792년~1793년)

험료 급등 그리고 아메리카인 포로의 희생을 피할 수 없을 것'이라고 지적하며 북아프리카 영토와의 대립을 피하고 평화조약 체결을 서둘러야 한다고 보고했다.

한편, 주불대사 제퍼슨은 1785년 8월 20일 존 페이지에게 보낸 편지에서 '우리가 따져야 할 것은 평화와 전쟁 중 어느 쪽이 더 이익인지가 아니라 명예와 금전적 탐욕 중 어느 쪽을 택하느냐의 문제'라며 금전적 이익이 아닌 아메리카의 명예를 중시해야 한다고 주장했다.

또 '우리가 상업 활동의 자유를 지키고 굴욕을 당하지 않으려면 그들에게 우리의 힘을 보여줘야 한다. 우리의 힘을 과소평가하는 그들의 태도는 언젠가 분명 전쟁을 일으킬 것이다'라고도 썼다.

즉, 공납으로 평화를 얻는 종래의 유럽형 외교 방식으로는 문제를 해결할 수 없으며 상업의 자유가 보장되는 환경을 만들기 위해서는 강경한 태도를 보여야 한다고 주장한 것이다.

그 후, 애덤스와 제퍼슨은 '바르바리 해적' 문제에 관해 직접 서면으로 논쟁을 벌였다.

1786년 7월 3일 애덤스는 제퍼슨에게 다음과 같은 제안을 했다.

그림 5-4 토머스 제퍼슨
(렘브란트 필, 1800년)

① 영국 등의 책략이 있다 해도 어느 정도의 금전을 제공함으로써 조약을 체결할 수 있을 것이다.

② 프랑스, 스페인, 영국, 네덜란드의 영향력 행사가 필요하겠지만 그렇더라도 금전적인 거래 없이 평화조약을 체결하지는 않을 것이다.

③ 영국의 악의나 프랑스의 자발적인 공헌으로 교섭에 드는 금액이 크게 증감될 수 있다.

④ 교섭이 지연되면 될수록 그들의 요구는 커질 것이다.

이상의 네 가지 가정에서 나는 우리가 시간을 낭비하지 말고 교섭을 통해 필요한 금액을 지불하는 것이 가장 현명한 선택이라고 생각한다.

(Gardner W. Allen, *Our Navy and The Barbary Corsairs*)

북아프리카의 공납 조건을 받아들이고 평화조약 체결을 서두르자고 주장하는 애덤스의 제안에 제퍼슨은 7월 11일 다음과 같이 답한다.

네 가지 가정 중 처음 세 가지에 대해서는 동의한다. ……네 번째 가정은 그들의 요구가 커질 수도, 작아질 수도 있을 것이다.

평화를 돈으로 산다는 결정을 내렸다면 내가 그 작업을 늦출 이유는 없다. ……

하지만 나는 평화를 달성하기 위해 전쟁이라는 수단이 필요하다고 생각한다. 그것이 정의롭고 명예로운 행동이기 때문이다. 북아프리카와의 전쟁으로 우리는 유럽의 존경을 받을 것이다. 그리고 존경은 우리의 이익을 보호하는 수단이 될 것이다.

(Gardner W. Allen, *Our Navy and The Barbary Corsairs*)

공납에 의한 평화가 아닌 군사력 행사라는 강경한 대응을 주장하는 제퍼슨의 의견에 대해 애덤스는 7월 31일 다음과 같이 반론했다.

만약 아메리카(의회)가 바르바리의 여러 나라와의 전쟁에 찬성한다면 나도 기꺼이 대외적인 전쟁을 호소하고 우리의 무역과 인민을 지킬 것이다. ……하지만 의회는 결코 혹은 적어도 수년간은 그런 해결책을 선택하지 않을 것이며 그동안 우리의 무역과 명예는 헤아릴 수조차 없는 피해를 입게 될 것이다.

만약 우리가 그들과 끝까지 싸우겠다면 나는 결코 전쟁만은 피해야 한다고 말하고 싶다. ……엄청난 비용을 들여 전쟁을 벌인 후 결국 조약을 체결하는 것보다 공납을 하고 조약을 맺는 편이 경제적이라고 생각한다. ……

해군력을 보충하는 것에 대해서는 당신의 의견에 찬성한다. ……하지만 나는 당신이 (해적 진압에) 필요한 전력에 대해 과소평가하는 것은 아닐까 생각한다.

(Gardner W. Allen, *Our Navy and The Barbary Corsairs*)

애덤스는 북아프리카에 대한 군사 행동의 필요성은 부정하지 않았지만 현실적으로 아메리카 해군의 역량 부족과 해군 정비에 필요한 국내의 합의가 이루어지기 어렵다는 점에서 재차 공납을 통한 평화조약 체결을 주장한 것이다.

한편, 제퍼슨은 공납이라는 나쁜 관습을 뿌리 뽑고 북아프리카에 의연한 자세로 임하는 것이 결국에는 아메리카의 이익이 될 것이라는 입장에서 북아프리카에 대한 교전론을 주장했다.

애덤스와 제퍼슨의 논쟁은 결론에 이르지 못했지만 그 후 미국은 해군력을 보충하고 제퍼슨이 주장한 이념에 기반을 둔 외교를 지향하면서도 현실적으로는 애덤스가 주장한대로 공납을 전제로 평화조약 체결을 모색한다.

평화조약 체결

북아프리카 영토와 아메리카의 조약 교섭은 아메리카의 재정 악화와 국제 정치의 혼란 등으로 정체되었다. 그 사이에도 해적 문제는 심화되었다.

1793년 9월 알제와 포르투갈이 조약을 체결하면서 알제 선박이 지브롤터 해협 너머까지 활동 영역을 넓혔다. 바로 다음 달인 10월 대서양을 항해하는 아메리카 상선 11척이 잇따라 알제 선박에 나포되는 사건이 발생했다.

'바르바리 해적'에 대한 위기감이 고조된 아메리카 의회는 프리깃함 6척의 건조를 포함한 대규모 해군 예산을 편성해 해군력 증강을 꾀하는 동시에 북아프리카와의 평화조약 체결과 포로 석방을 위해 80만 달러의 지출을 승인했다.

프리깃함이란, 대형 전열함보다 작지만 빠르고 조종 성능이 뛰어난 데다 40문 이상의 대포를 탑재한 공격 능력을 갖춘 당시의 최신예 대형 범선이었다. 이 시기 프리깃함의 건조가 아메리카 해군 창설의 기원이 되었다.

아메리카 의회의 결의로 1795년 9월 조셉 도널드슨이 알제 특사로 파견되고 하산 데이와 교섭을 시작했다.

이틀 후인 9월 5일 교섭에 합의한 아메리카와 알제 간의 평화조약이 체결되었다. 미국이 64만 2,500달러를 즉시 지불하고 약 21,600달러 상당의 총포와 선박 자재를 매년 알제에 공납하는 조건이었다. 그 대가로 포로를 석방하고 아메리카 상선의 안전을 보장했다.

1796년 10월 1일 조약에 제시된 금액의 남은 20만 달러 상당의 금괴가 알제에 도착하자 10년 전 나포된 마리아 호와 돌핀 호의 선원들을 포함해 포로로 잡혀 있던 아메리카인 82명이 풀려났다.

그 후, 아메리카는 튀니스, 트리폴리와의 교섭을 통해 1797년 1월 트리폴리와, 8월에는 튀니스와 평화조약을 체결했다.

한편, 아메리카에서는 같은 해 3월 애덤스가 제2대 대통령에 당선되고 제퍼슨은 부대통령으로 취임했다. 애덤스 대통령은 6월 북아프리카 영사 파견과 알제의 하산 데이가 요구한 2척의 순항선 건조에 대해 의회에 보고하고 승인을 받았다.

바르바리 지역의 총영사 겸 알제 영사는 과거 알제 선박에 나포되었던 돌핀 호의 선장으로 12년간 알제에 포로로 잡혀 있던 리처드 오브라이언, 트리폴리 영사에는 마찬가지로 마리아 호의 선원이었던 제임스 캐스카트, 튀니스 영사에는 군인 출신의 윌리엄 이튼이 임명되었다.

평화조약 체결과 영사 파견으로 아메리카와 북아프리카의 관계는 일단 안정을 찾았다. 하지만 북아프리카는 그 후에도 평화조약 파기를 들먹이며 더 많은 요구를 해왔다.

1800년 9월 알제의 무스타파 데이는 아메리카의 프리깃함 조지 워싱턴 호의 함장 윌리엄 베인브리지에게 오스만 본국에 파견하는 알제의 특사를 이스탄불까지 태워달라고 요구했다. 베인브리지는 거절했지만 당장 조약을 파기하겠다는 데이의 협박에 못 이

그림 5-5 윌리엄 베인브리지
(존 웨슬리 자비스, 1814년)

겨 요구를 들어주었다.

그리하여 초대 대통령의 이름을 딴 아메리카 군함은 무스타파 데이의 요구대로 알제의 깃발을 내걸고 알제 특사를 태워 이스탄불로 향했다. 이 일을 전해들은 튀니스 주재 아메리카 영사 이튼은 '이렇게까지 양보해야 한다면 차라리 평화 대신 포로로 붙잡혀 있는 것을 택하겠다. 정녕 조국을 각성시킬 방법은 없는 것일까'라는 글을 남겼다.

트리폴리와의 대립

간신히 유지되던 아메리카와 북아프리카의 평화조약은 19세기에 들어서면서 파탄에 이르렀다. 그 단초를 제공한 것은 트리폴리령이었다.

1797년 평화조약을 체결한 아메리카와 트리폴리 사이에 공납에 관한 조약 내용을 두고 문제가 불거졌다. 트리폴리는 조약 체결 당시 아메리카로부터 받은 공납 이외의 다른 공납 요구를 방기하고 있었다.

트리폴리의 유스프 베이는 유럽 제국으로부터 정기적인 공납을 받고 있는 데다 알제와 튀니스가 아메리카로부터 정기적인 공납을 받고 있는 것에 불만을 품었다.

1800년 5월 유스프 베이는 애덤스 대통령에게 트리폴리에 대한 공납을 요구하는 편지를 보냈다.

> 친애하는 친구여 우리는 당신의 태도가 공허한 말이 아닌 (공납의) 실행으로 나타나기를 바란다. 우리는 당신의 현명한 행동을 기대한다.
>
> 만약 말만 앞서고 행동이 따르지 않는다면 우리는 그에 따른 적절한 행동을 취할 것이다. 부디 시간을 지체하지 않고 빠른 대답을 해주기를 바란다. 당신의 대답이 지체될수록 이익은 줄어들 것이다.
>
> (Gardner W. Allen, *Our Navy and The Barbary Corsairs*)

유스프 베이는 애덤스 대통령에게 트리폴리에 대한 공납을 요구하면서 빠른 대답과 행동이 없으면 아메리카와의 평화조약을 파기하겠다는 의사를 내비쳤다.

조약의 파기는 '바르바리 해적'의 약탈이 재개된다는 의미였다. 그 말을 뒷받침하듯 그 해 9월 이탈리아의 리보르노로 향하던 아메리카 상선 캐슬린 호가 트리폴리 선박에 나포되는 사건이 발생한다.

　캐슬린 호는 트리폴리 주재 아메리카 영사 캐스카트의 협상으로 한 달 만에 풀려났지만 이때 유스프 베이는 반년 안에 아메리카가 공납을 하지 않으면 선전포고를 하겠다고 통보했다.

　당시 아메리카 본국과 북아프리카 간의 통신은 부정기적으로 오고가는 아메리카의 선박을 통한 것이 전부였기 때문에 수개월 간 불통이 되는 일도 드물지 않았다. 그런 이유로, 트리폴리의 선전포고에 관한 캐스카트의 보고가 본국에 전달된 것은 이듬해인 1801년 4월이었다. 아메리카에서는 바로 전 달에 제퍼슨이 제3대 대통령에 취임했다.

　5월 15일 제퍼슨은 지중해에 함대를 파견하기로 결정하고 6월 2일 리처드 달 사령관이 지휘하는 프리깃함 등의 함선 4척을 트리폴리로 파견했다. 앞서 이야기했듯 제퍼슨은 '바르바리 해적' 문제에 강경한 입장이었다.

　한편, 트리폴리에서는 반년의 기한이 지나고 있었다. 5월 14일 유스프 베이는 아메리카 영사관에 사람을 보내 아메리카의 국기를 쓰러뜨렸다. 선전포고의 의사 표시였다. 캐스카트는 유스프에 개인적인 공납을 자청하며 선전포고를 철회할 것을 요청했지만 유스프는 그의 제안을 거절했다. 캐스카트는 교섭을 단념하고 트리폴리를 떠났다.

　트리폴리의 선전포고는 지브롤터에 기항한 달의 함대에게도 전해졌다. 7월 24일 달의 함대는 트리폴리 연해에 도착해 주변 해역

그림 5-6 좌초한 필라델피아 호

에서 트리폴리 선박 수색에 나서는 동시에 트리폴리를 해상 봉쇄
했다.

1802년 2월 제퍼슨은 제2차 함대로 리처드 모리스 사령관이 지휘
하는 함대 4척을 파견했다. 하지만 제2차 함대는 사령관 모리스의
경험 부족으로 마땅한 행동을 취하지 못한 채 1년여가 경과했다.

제퍼슨은 1803년 5월 제3차 함대로 에드워드 프레블 사령관이
지휘하는 함대 7척을 파견했다. 그리고 프레블의 함대 중 베인브
리지 함장이 지휘하는 프리깃함 필라델피아 호가 10월 7일 트리폴
리 연해에 도착해 트리폴리를 해상 봉쇄했다.

10월 31일 필라델피아 호는 트리폴리 서쪽 해상에서 트리폴리
의 소형선을 발견하고 추적했다. 그런데 추적 도중 필라델피아 호
가 얕은 여울에 걸려 좌초하고 말았다. 이내 트리폴리의 소형포함
에 포위된 필라델피아 호는 선체가 기울면서 대포도 쓰지 못한 채

그림 5-7 스티븐 디케이터
(존 웨슬리 자비스)

항복했다.

베인브리지 함장을 비롯한 선원 307명이 구속되고 필라델피아 호는 트리폴리 항으로 인항되었다. 베인브리지로서는 3년 전 알제 특사의 승선에 이은 굴욕이었다.

알제로 향하던 프레블 사령관이 필라델피아 호 나포 소식을 듣게 된 것은 11월 24일이었다. 프레블은 곧장 시칠리아 섬의 시라쿠사로 가 기습 작전을 준비했다. 트리폴리에 빼앗긴 최신 프리깃함 필라델피아 호의 존재는 아메리카에 큰 위협이었다. 결국 아메리카는 필라델피아 호를 파기하기로 결정했다.

1804년 2월 2일 아메리카 함선 세이렌 호와 상선으로 위장한 소형선 인트레피드 호가 트리폴리로 향했다. 16일 아메리카의 장교 스티븐 디케이터와 70여 명의 병사가 탄 인트레피드 호는 상선인 척하며 트리폴리 만으로 들어갔다.

인트레피드 호는 야음을 틈타 작전을 개시했다. 항구에 계류된 필라델피아 호로 접근한 아메리카 병사들은 디케이터의 신호와 함께 일제히 배에 올라타 트리폴리 경비병을 제압하고 배에 불을

질렀다. 불과 20여 분
만에 이루어진 작전이
었다.

수상한 낌새를 챈 트
리폴리 측도 항구의 포
대에서 포격을 했지만
디케이터와 병사들은
세이렌 호의 엄호로 무
사히 항구를 탈출해 시
라쿠사로 귀환했다.

디케이터는 이번 기
습 작전의 성공으로 후
에 제퍼슨 대통령으로
부터 큰 상찬을 받는다.

그림 5-8 불타는 필라델피아 호
(에드워드 모란, 1897년)
(미국 해군사관학교 박물관)

트리폴리 전쟁의 결말

제퍼슨은 대통령 취임 후 세 차례에 걸쳐 트리폴리에 함대를 파
견했지만 아메리카 국내에서는 여전히 트리폴리에 대한 군사 행
동에 대해 적극파와 소극파로 의견이 갈렸다. 제퍼슨은 함대 파견
을 통한 군사 작전과 병행해 외교적 수단을 채용한다.

1803년 8월 제퍼슨은 튀니스 영사에 전 트리폴리 영사 캐스카트를 임명하고 트리폴리 영사로 토비어스 리어를 임명해 트리폴리와의 평화를 모색했다.

하지만 1804년 3월 필라델피아 호 나포 소식이 전해지자 제퍼슨은 같은 해 7월 제4차 함대로 사무엘 바론이 지휘하는 프리깃함 4척을 파견했다. 이로써 트리폴리 연해에 파견된 아메리카의 함대는 프리깃함 6척을 포함해 총 11척의 대함대가 되었다.

한편, 현지에서 활동 중인 프레블의 함대는 기습 작전 이후 유스프 베이에게 필라델피아 호 선원들의 몸값 협상을 요청했다. 유스프가 제안을 거절하자 아메리카 함대는 트리폴리에 대한 공격을 강화하고 해상 봉쇄뿐 아니라 소형포함으로 트리폴리의 도시를 포격했다. 하지만 트리폴리에 결정적인 타격을 입히지 못하면서 교착 상태에 빠졌다. 그해 9월 바론의 함대가 트리폴리 연해에 도착해 프레블로부터 지휘권을 넘겨받았다.

바론은 본국의 지시대로 두 가지 작전을 동시에 진행했다. 트리폴리에 대한 군사 행동과 평화 모색이었다. 군사 행동에 대해서는 초대 튀니스 영사 이튼이 맡았다. 한편, 트리폴리 영사 리어는 트리폴리와의 평화 모색에 나섰다.

이튼은 1803년 5월 튀니스 영사로서의 임무를 마치고 귀국했지만 특별한 임무를 부여받아 바론의 함대와 함께 다시 북아프리카로 파견되었다. 이튼이 맡은 임무는 유스프 베이에 대한 쿠데타 계획이었다. 본래 이 계획은 이튼이 튀니스 영사로 근무했던 1801년 6월 당시 트리폴리 영사 캐스카트로부터 전달받은 것이었다.

트리폴리에서 추방된 유스프의 형제 아흐마드의 쿠데타를 지원해 아메리카에 우호적인 정권을 수립한다는 계획이었다.

1804년 11월 이튼은 바론의 허가를 얻어 수명의 해군 병사들과 함께 아흐마드를 찾아 이집트의 알렉산드리아로 향한다. 1805년 2월 5일 알렉산드리아 근교에서 아흐마드를 찾아낸 이튼은 쿠데타 계획을 실행에 옮겼다.

3월 6일 이튼과 아흐마드의 일단은 이집트에서 모은 400여 명의 병사들과 함께 육로로 트리폴리를 향해 출발했다. 이튼 일행은 한 달 반에 걸쳐 트리폴리 동쪽 키레나이카 지방으로 갔다. 그곳에서 아메리카 함대의 보급을 받고 키레나이카 지방의 주요도시 데르나로 향했다.

4월 25일 데르나 근교에 도착해 데르나 수비대에 도시를 넘길 것을 요구했지만 거부하자 같은 달 28일 공격을 개시했다. 이튼의 군대는 해상의 아메리카 함대의 엄호를 받으며 수비대를 진압하고 데르나를 공략했다.

데르나 함락 소식을 들은 유스프 베이도 즉각 원군을 파견해 5월 13일 데르나를 공격했다. 유스프 베이의 통치에 반감을 갖고 있던 데르나의 주민들은 아흐마드 편에 서서 아메리카 군과 함께 유스프 군에 대항해 데르나의 도시를 지켜냈다. 주민들의 도움으로 유스프 군은 후퇴하고 데르나는 아메리카와 아흐마드가 장악했다.

그림 5-9 윌리엄 이튼
(렘브란트 필, 1807년)

이튼이 쿠데타 계획을 진행하는 동안에도 리어는 트리폴리와 평화를 모색했다. 4월 21일 유스프 베이의 제안으로 5월 18일에 조약 교섭이 시작되었다. 리어는 트리폴리에서 유스프 베이를 만나 회담을 갖고 6월 3일 아메리카와 트리폴리의 평화조약이 합의에 이르면서 10일 정식으로 조인되었다.

트리폴리가 제시한 20만 달러가 아닌 미국이 요구한 6만 달러를 포로들의 몸값 명목으로 지불하고 그 이외의 공납은 하지 않는다는 조건이었다.

이로써 트리폴리와의 전쟁이 종결되고 베인브리지 선장을 포함한 필라델피아 호의 선원들은 모두 풀려났다.

6월 12일 밤 이튼은 아흐마드와 함께 은밀히 데르나 연해에 정박 중이던 컨스텔레이션 호를 타고 도시를 떠났다. 날이 밝고 아메리카의 배신을 알게 된 데르나의 주민들은 충격에 휩싸였다. 아메리카의 지원군을 잃은 데르나는 얼마 후 유스프 군에 제압되었다.

아메리카는 트리폴리와의 평화조약 체결에 대해 군사·외교적 승리로 받아들였다. 디케이터와 이튼의 군사 작전 성공과 트리폴리에 대한 정기적인 공납을 거절한 외교 방식이 높이 평가되었다.

1806년 4월 트리폴리와의 조약은 의회에서 비준되고 바론의 함대는 본국으로 귀환했다.

트리폴리와의 평화조약이 체결되면서 다시 한 번 아메리카와 북아프리카의 평화 관계가 구축되었다. 다만, 포로 석방을 위해 트리폴리에 몸값을 지불하고 알제와 튀니스에 정기적인 공납을 하는 등 아메리카로서는 '바르바리 해적' 문제를 완전히 해결하지 못한 상태였다.

아메리카의 신외교

트리폴리 전쟁이 끝나고 얼마 지나지 않아 이번에는 알제와 아메리카가 충돌했다. 아메리카와 조약을 맺은 알제는 공납이 늦어지는 것에 불만을 품었다.

1812년 6월 미영 전쟁이 발발하자 영국은 아메리카와의 전쟁을 유리하게 이끌기 위해 알제의 하지 알리 데이에게 아메리카 상선에 대한 약탈 행위를 부추겼다.

알제는 아메리카와의 조약을 파기하고 아메리카 선박을 공격했다. 1812년 8월에는 지중해를 항해 중인 아메리카 상선 에드윈 호가 선원 11명과 함께 알제 선박에 나포되었다.

1814년 12월 벨기에 겐트에서 아메리카와 영국의 강화조약이 체결되자 아메리카는 본격적으로 '바르바리 해적' 문제 해결에 나섰다.

그림 5-10 디케이터 함대의 알제 원정

1815년 2월 제임스 메디슨 대통령은 의회에 '바르바리 해적' 문제를 제기했다. 다음 달인 3월 의회는 메디슨에 알제에 대한 선전포고 권한을 위임하는 결의문을 채택했다. 메디슨은 이내 함대 편성을 지시하고 사령관으로는 베인브리지와 트리폴리 전쟁의 영웅 디케이터를 지명했다.

디케이터의 함대는 프리깃함 3척을 포함해 총 10척의 대함대로 편성되었다. 5월 함대는 메디슨 대통령의 친서를 가지고 알제로 출항했다. 디케이터의 임무는 공납과 몸값 지불 없이 포로의 석방과 평화조약 체결을 성사시키는 것이었다.

디케이터의 함대는 6월 15일 지브롤터 해협을 통과해 17일 알제 근해를 항해하는 알제 선박을 발견하고 전투를 벌였다. 아메리카

측도 4명이 희생되었지만 알제 측은 선장 하미다를 포함해 30명이 사망하고 406명이 붙잡혔다.

디케이터 함대는 19일 또 다른 알제 선박과 선원 80명을 나포했다. 그리고 28일 디케이터 함대는 알제 항에 도착했다. 알제에서는 수개월 전 정변이 일어나 새로운 데이, 오마르가 즉위했다.

디케이터는 오마르 데이에게 메디슨 대통령의 친서를 전달했다.

귀하는 아메리카에 선전포고를 하고 다수의 아메리카인을 노예로 붙잡았으며 그 밖에도 이유 없이 우리에 대한 모독 행위를 거듭하고 있다. 아메리카 합중국 의회는 공식적으로 귀하의 정부에 대한 전투 행위를 승인했다. 우리는 이 결정을 실행에 옮기기 위해 지중해로 함대를 파견했다.

우리 함대는 평화와 전쟁이라는 두 가지 선택지를 가지고 있다. 그리고 그 선택은 귀하의 몫이다. 우리는 귀하가 날로 강성해지는 (아메리카) 국민과 우호 관계를 맺음으로써 얻게 될 이익과 전쟁으로 인한 불상사를 비교했을 때 두 나라가 오랫동안 지켜온 우호 관계를 회복하는 쪽을 선택하리라 생각한다. ······

지속적인 평화는 두 나라에 똑같이 유리한 규정이 바탕이 되어야 하며 어느 한 쪽이 동의할 수 없는 내용이 포함되어서는 안 된다. 이 원칙이 지켜질 경우에만 평화조약의 체결과 유지가 가능할 것이다.

(Emile Dupuy, *Americains & Barbaresques* 1776~1824)

메디슨 대통령의 친서는 몸값과 공납 없는 평화조약 체결이라는 아메리카의 조건을 받아들이지 않으면 전쟁도 불사하겠다는 강한 태도를 보이고 있다.

포함砲艦 외교라고도 할 수 있는 아메리카의 요구에 오마르 데이는 아메리카의 요구를 모두 수용했다. 평화조약 체결, 공납 폐지, 몸값 없는 포로 석방뿐 아니라 나포한 에드윈 호에 대해 10,000달러의 배상금 지불을 승낙했다. 그 후, 디케이터는 튀니스와 트리폴리에 기항해 각각의 베이로부터 같은 성과를 얻고 귀국했다.

북아프리카에 대한 공납을 거부했을 뿐 아니라 배상금까지 받은 아메리카의 외교적 성과는 공납을 통해 평화 관계를 유지하던 유럽 제국에 큰 충격을 주었다. 아메리카의 외교성과를 계기로 '바르바리 해적' 문제는 커다란 전환점을 맞게 된다.

시드니 스미스의 고발

1814년 8월, 전 영국 해군 중위 시드니 스미스는 유럽 각국의 제왕과 귀족 등에게 '바르바리 지역의 해적 행위 근절의 필요성과 방법에 대한 논문'을 보냈다. 그 내용은 '바르바리 해적'의 근절과 북아프리카에 포로로 잡혀 있는 그리스도교도 노예의 석방을 호소하는 것이었다.

스미스는 다음과 같이 썼다.

바야흐로 산업이 발달하고 문명의 이익을 향유하는 온화한 사람들이 살아가는 문명화된 유럽은 서아프리카의 흑인 노예무역 폐지에 대해 논의하고 상업의 이익과 인간·재산의 안전을 보장하고자 노력하고 있다. 그런 때에 북아프리카에는 아무런 관심도 기울이지 않는 것은 놀라운 일이 아닐 수 없다.

그 곳에서는 주민을 억압할 뿐 아니라 그들을 노예로 삼고 또 그들을 이용해 무장한 선박으로 유럽 연안의 부지런한 농부와 온화한 주민들을 위협하는 터키인 해적들이 살고 있다. 그런 파렴치한 약탈 행위는 인간성에 반하는 가장 악질적인 행위이며 상업 활동을 저해한다. 오늘날 상선의 선원들은 모두 지중해나 대서양에서 해적들에게 붙잡혀 아프리카의 노예가 될 것이란 불안을 안고 항해하고 있다. ……지성과 문명의 진보는 무슨 일이 있어도 이 같은 해적 행위를 근절해야 한다.

(모모이 지로『바르바리 해적의 종언』중에서)

스미스는 영국 해군의 지중해 함대에 소속되어 있었기 때문에 북아프리카의 상황에 대해 잘 알고 있었다. 그리고 해군을 퇴역한 스미스는 '바르바리 해적' 근절을 위해 활동을 시작했다.

당시 '바르바리 해적'의 약탈 대상이 된 것은 북아프리카와 조약을 체결하지 않은 나폴리와 사르데냐 등 몇몇 나라에 한정되었지만 그럼에도 불구하고 3천 명이 넘는 유럽인들이 북아프리카에 붙잡혀 있었다.

그림 5-11 시드니 스미스(루이 마리에 오티시에르, 1823년)

　스미스의 '논문'은 '바르바리 해적'이 지중해를 오가는 상선과 유럽 연안을 습격하고 유럽인을 노예로 삼는 상황을 고발하고 이를 인간성에 반하는 악질적인 행위이자 자유로운 상업 활동을 위협하는 반문명적인 행위라고 비난했다. 그리고 이제까지 유럽 제국은 단순히 군사 행동을 취하지 않았을 뿐 아니라 그들의 위협에 굴복해 공납을 바침으로써 북아프리카 영토의 위험한 권력을 강화시켰다며 유럽 제국의 정책을 비판했다. 스미스는 이 문제에 대한 유럽 제국의 협조를 촉구하고 군사적 행동과 외교적 노력을 요구했다.

　1814년 말 스미스는 '바르바리 해적'의 근절을 호소하기 위해 나폴레옹 전쟁의 강화회의가 열리고 있는 빈으로 갔다. 하지만 전후 유럽 질서의 재구축이 최우선 과제였던 빈 회의에서 스미스의 호소는 큰 반향을 일으키지 못했다.

스미스의 호소는 비록 결실을 맺지 못했지만 결과적으로 스미스가 일으킨 작은 물결이 유럽의 국제 정치를 움직여 북아프리카에 큰 파도를 일으켰다.

엑스머스 경의 원정

스미스가 요구한 것처럼 유럽 제국의 협조적인 대처는 아니었지만 영국 정부는 빈 회의 이후 영국에 귀속된 몰타 등의 안전을 확보하기 위해 북아프리카와의 교섭에 나섰다.

1816년 봄, 영국의 해군 제독 엑스머스 경이 이끄는 함대가 북아프리카로 향했다. 엑스머스는 압도적인 군사력을 바탕으로 알제의 오마르 데이와 교섭을 벌이고 이오니아 제도, 사르데냐 왕국, 시칠리아 왕국의 대리인으로서 각 나라와 알제 간의 평화조약을 체결했다. 또 포로로 잡혀 있던 몰타와 지브롤터인을 풀어주고 사르데냐인은 몸값을 내고 석방했다.

그 후, 엑스머스의 함대는 튀니스와 트리폴리로 향했다.

튀니스에서는 알제와의 교섭과 마찬가지로 그리스도교도를 풀어주고 각 나라와 튀니스 간의 평화조약을 체결했다.

교섭 당시 엑스머스가 튀니스의 마흐무드 베이에게 그리스도교도들을 노예로 삼는 일이 없어졌으면 한다고 말한 것이 통역관의

그림 5-12 엑스머스 경   그림 5-13 알제 원정 당시
엑스머스 경의 칼과 훈장
(영국 왕립해군박물관)

실수로 그리스도교도 노예를 폐지하라는 요구로 전달되었다.

그러자 마흐무드 베이는 회담을 중단하고 측근들과 협의했다. 결국 마흐무드 베이는 요구를 받아들이고 앞으로는 그리스도교도를 노예가 아닌 전쟁 포로로 다룬다는 취지에 동의했다.

우연한 기회에 그리스도교도 노예 폐지라는 성과를 얻어낸 엑스머스는 트리폴리와 알제에도 같은 요구를 했다. 트리폴리의 베이는 튀니스와 마찬가지로 그리스도교도 노예 폐지를 약속했다.

한편, 알제에서도 오마르 데이를 만나 그리스도교도 노예 폐지를 요구했다. 하지만 오마르 데이가 엑스머스의 요구를 거절하면서 교섭은 난항을 겪었다. 엑스머스가 요구를 받아들이지 않으면

그림 5-14 엑스머스 함대의 알제 포격

알제를 포격하겠다고 경고하자 데이도 지지 않고 알제 영토 내의 영국인을 모두 구속하겠다고 선언했다.

거친 경고와 협박이 오갔지만 결국 전면적인 군사력 충돌 없이 엑스머스의 함대는 영국으로 돌아왔다.

하지만 엑스머스의 대응은 스미스의 고발 등으로 '바르바리 해적' 문제에 대한 관심이 고조되던 영국 국내의 비판을 받았다. 알제에서 그리스도교도 석방을 위해 몸값을 지불한 일 등이 아메리카의 당당한 외교와 비교당한 것이다.

그때 알제령 안나바에서 허가를 받고 산호업을 하던 시칠리아 등지의 어민들이 학살당하는 사건이 일어났다. 영국 정부는 알제에 대한 군사 작전을 결정했다. 엑스머스는 또 다시 함대를 이끌고 알제로 향했다.

엑스머스는 네덜란드 함대와 합류해 8월 말 알제 연해에 닻을 내렸다. 영국과 네덜란드의 연합 함대는 영국이 15척, 네덜란드가 10척의 총 25척으로 편성된 대함대였다.

8월 28일 엑스머스는 오마르 데이를 상대로 모든 그리스도교도 노예의 즉시 석방과 그리스도교도 노예 금지 그리고 영국이 지난 4월에 지불한 몸값의 반환을 요구했다. 다만, 1시간 이내에 답변할 것을 요구한 사실상의 선전포고였다.

영국 · 네덜란드 함대의 공격은 밤낮으로 계속되고 알제의 도시에는 집중 포격이 쏟아졌다. 후에 오마르 데이는 오스만 제국의 술탄에게 당시의 전투에 대해 '인류 역사상 전대미문의 끔찍한 전투였다'고 보고했다.

다음 날인 29일 아침 엑스머스는 데이에게 전날과 같은 요구를 전달했다. 오마르 데이는 엑스머스의 요구를 전부 수용하고 노예로 붙잡혔던 유럽인들을 모두 석방했다. 엑스머스는 튀니스와 트리폴리의 베이에게도 문서를 보내 알제의 상황을 전하며 모든 그리스도교도 노예를 즉시 석방할 것을 요구하고 영국으로 돌아갔다.

엑스머스의 원정으로 북아프리카의 그리스도교도 노예들이 해방되었다. 하지만 이 일로 '바르바리 해적' 문제가 모두 해결된 것은 아니었다. 북아프리카와 조약을 맺지 않은 다른 유럽 국가들이 있었고 조약을 체결했다 해도 평화조약은 물론 그리스도교도 노예 금지 규정이 갑자기 파기될 가능성도 남아 있었기 때문이다.

결국 조약 체결만으로는 문제를 온전히 해결할 수 없으며 잠재적 위협을 없애기 위해서는 '바르바리 해적'의 존재 자체를 근절해야 한다는 목소리가 높아졌다.

해적 근절 결의

빈 회의 이후, 러시아의 황제 알렉산드르 1세는 스미스가 고발한 '바르바리 해적' 문제에 관심을 기울였다. 알렉산드르 1세는 영국에 협력을 호소하고 영국 정부도 알렉산드르 1세의 주장에 동조해 유럽 제국 간에 '바르바리 해적' 문제를 협의하기로 동의했다.

유럽 제국이 '바르바리 해적' 문제를 처음 논의한 것은 1816년 8월부터 시작된 런던 대사급 회의였다. 빈 회의 이후, 유럽 제국은 몇 가지 개별 주제로 회의를 열었는데 그중 하나가 런던 회의였다.

빈 회의 이후의 국제 질서는 빈 체제라고 불렸다. 그 특징 중 하나는 유럽 대국 간의 협조 체제이다. 특히, 유럽 대국이 국제 문제에 대해 협의하고 해결을 모색하는 외교방식은 회의 외교라고 불린다. 빈 체제는 현재까지 이어지는 이른바, 국제사회의 태동기에 해당한다.

영국의 요청으로 개최된 런던 회의에서는 노예무역과 '바르바리 해적' 문제가 논의되었다. 1816년 8월 28일에 시작된 회의에는 영국, 프랑스, 러시아, 오스트리아, 프로이센의 5개국이 참가했다.

그중 러시아는 '바르바리 해적'에 대항할 유럽 제국의 '대동맹'을 구축해야 한다고 주장하고 동맹의 구체적인 내용에 대해 논의했다.

1818년 5월 24일 제14회 회합에서 의장국 영국의 주도로 동맹 구상에 관한 시안이 작성되었다. 그 내용은 북아프리카와 오스만 제국 본국에 '바르바리 해적' 근절을 요구하는 동시에 군사적으로는 북아프리카와 전쟁이 일어날 경우 유럽 제국이 함께 행동한다는 것이었다.

하지만 이 초안은 프랑스의 반대로 최종적인 합의에 이르지 못하고 논의는 각국 정상들이 모이는 아헨 회의로 미루어졌다.

'바르바리 해적' 문제는 1818년 9월에 시작된 아헨 회의가 거의 끝나갈 무렵인 11월 7일 회합에서 처음 의제로 올랐다. 런던 회의에 이어 러시아는 재차 '바르바리 해적' 근절을 위한 동맹 형성을 제안했지만 북아프리카와 오랜 우호관계를 맺고 있던 프랑스는 러시아의 제안에 반대했다. 프랑스는 각국이 개별적으로 대응하는 종래의 방식을 주장했다. 결국 동맹에 대한 의견을 모으지 못한 채 폐회 이틀 전인 11월 20일 '바르바리 해적' 문제는 아주 짧은 의정서 형태로 마무리되었다.

의정서 전문은 다음과 같다. 서명국은 영국, 프랑스, 러시아, 오스트리아, 프로이센의 5개국이다.

모든 전권 위원은 바르바리 해적을 효과적으로 억제하기 위해 런던 회의에서 논의된 다양한 계획을 심사했다. (러시아의) 카포디스트리아스 백작은 유럽의 상업을 저해하는 바르바리 해적의 악행을 막는 방어책 마련과 바르바리 영토에 대한 직접적이고 효과적인 정책 결정의 중요성을 깊이 인식하여 본 회의에서 이 문제에 대한 논의를 요청했다.

모든 위원은 바르바리 영토가 평화적인 상업 활동을 적대하는 제도를 포기하지 않을 경우 유럽 열강이 총동맹을 결성할 것임을 알리고 바르바리 영토가 숙고 끝에 내린 (해적 행위 포기에 따른) 결과와 그들 자신의 존재에까지 영향을 미칠 (거부에 따른) 결과에 대해 그들에게 진지한 태도로 통고하는 것을 바르바리 지역에 강한 영향력을 가진 프랑스와 영국의 전권 위원에게 맡겼다.

리슐리외 공작과 캐슬레이 자작은 바르바리 영토에 대한 통고 명령을 내리고 다른 내각에도 그 결과를 알릴 것을 약속했다. 여기 서명한 다섯 열강은 오스만 제국에도 마찬가지로 만약 바르바리 영토가 지금의 제도를 고수함으로써 유럽 열강의 결정적인 정책을 이끌어낸다면 바르바리 지역이 직면할 위험에 대해 우호적으로 알릴 계획이다.

(모모이 지로 『바르바리 해적의 종언』 중에서)

결의 내용은 만약 북아프리카가 해적 행위를 포기하지 않으면 유럽 제국은 동맹을 결성해 직접적인 행동에 나설 것이라는 결의를 북아프리카와 오스만 제국에 통고한다는 것이었다.

런던 회의에서 논의된 구체적인 동맹의 내용은 전혀 언급하지 않았지만 북아프리카와 오스만 제국에 '바르바리 해적' 근절을 요구하는 결의로서 영국과 프랑스 두 나라가 통고하기로 했다.

그리하여 영국과 프랑스의 연합 함대가 북아프리카로 향했다.

유럽의 통고

1819년 여름 아헨 회의에서 결의된 내용을 바탕으로 영국의 해군 프리맨틀 중장과 프랑스의 해군 줄리앙 준장이 이끄는 영불 함대 8척이 파견되었다.

8월 30일 지중해의 메노르카 섬에서 합류한 프리맨틀과 줄리앙의 함대는 9월 1일 첫 번째 목적지 알제를 향해 출항했다. 불과 수년 전 나폴레옹 전쟁 당시 지중해에서 격렬한 전투를 벌였던 두 나라가 연합 함대를 꾸려 북아프리카로 향한 것이다.

프리맨틀과 줄리앙이 북아프리카에 전한 통고서 내용은 다음과 같았다.

유럽 열강은 모든 나라의 일반적 이익에 반할 뿐 아니라 상업 활동에 종사하는 사람들의 희망을 짓밟는 해적 행위를 근절하기로 결정했다.

만약 바르바리 영토가 평화적인 상업 활동에 적대적인 제도를 계속 유지한다면 유럽 열강 동맹과의 대결을 피할 수 없을 것이다. 더 늦기 전에, (유럽) 동맹에 의해 자신들의 존재가 위태

로워질 가능성을 생각해야 할 것이다.

우리는 해적 행위가 계속될 경우 생기게 될 불길한 결과를 예고하는 동시에 그런 재앙을 낳는 제도를 폐지한다면 유럽 제국은 (바르바리 영토와) 우호적 관계를 유지할 뿐 아니라 서로의 신민에게 이익이 되는 모든 종류의 상업 활동을 적극 장려할 것이다. ……

(유럽의) 모든 열강은 바르바리 영토가 문명국의 법과 관습을 존중하기를 바랄 뿐이다. 만약 바르바리 영토가 다른 나라의 상업을 멋대로 위협한다면 전 유럽과의 군사적 충돌을 피할 수 없을 것이다. ……

이처럼 중요하고 최우선적인 일에 구두 약속만으로는 충분치 않다. 서로의 항해와 상업의 안전을 보장하는 신성한 행동을 하길 바라며 우리가 문서로 통고했듯이 회답도 귀하의 인장을 찍어 (문서로) 보내기를 바란다.

(모모이 지로『바르바리 해적의 종언』중에서)

통고서에는 유럽의 군사 동맹 결성과 무역 활성화라는 당근과 채찍을 사용해 북아프리카에 '바르바리 해적' 근절을 촉구했다. 또 구두가 아닌 공식적인 문서로 답할 것을 요구했다.

스미스의 고발문과 같이 '바르바리 해적' 근절을 요구하는 근거로 해적 행위가 인간성과 상업 활동의 자유를 위협한다는 점을 들었다.

프리맨틀과 줄리앙은 알제, 튀니스, 트리폴리의 데이 혹은 베이에게 아헨 회의 의정서와 이 통고문을 제시하고 유럽을 대표해 '바르바리 해적'의 근절을 요구했다.

그렇다면 유럽의 요구에 대한 데이와 베이의 반응은 어떠했을까. 그 반응을 확인해보자.

알제의 반론

1819년 9월 3일 영불 함대가 알제 연해에 도착했다. 프리맨틀과 줄리앙은 알제 주재 영사를 통해 후세인 데이와 접견을 신청하고 이틀 후인 5일 데이와 협상에 임한다.

프리맨틀과 줄리앙의 보고서에 따르면, 교섭은 다음과 같이 이루어졌다고 한다.

프리맨틀과 줄리앙은 후세인 데이에게 아랍어와 터키어로 번역된 의정서와 통고서를 건넸다.

회견 초반의 우호적인 분위기가 급변했다. 문서를 읽은 데이는 '어떤 근거도 없이 이런 표명을 하다니 매우 놀랐다. ……내가 즉위한 이래 알제에서 여기에 쓰인 것과 같은 사태는 없었다. 우리에게는 해당되지 않는 내용이다'라고 말했다.

프리맨틀과 줄리앙은 물론 지금은 알제와 유럽 제국 간에 평화가 유지되고 있지만 이번 결정은 유럽의 평화를 어지럽힌 전임자의 행동에 대한 불만이 반영된 것으로 유럽 제국은 앞으로도 현재

그림 5-15 후세인 데이

와 같은 평화가 유지되기를 바라는 마음에서 '바르바리 해적'의 근절을 요구하는 것이라고 대답했다.

데이는 앞으로도 알제와 유럽 제국의 평화는 계속될 것이라고 약속하면서도 만약 유럽의 나라가 알제에 대한 모독과 부정을 행하는 경우에도 우리가 그 나라와 전쟁을 하거나 피해 보상을 요구할 수 없는 것이냐고 따져 물었다.

프리맨틀과 줄리앙은 그런 경우에는 선전포고와 보상을 요구할 수 있지만 알제가 전쟁과 보상 요구를 구실로 유럽에 군사적 위협을 가하는 상황이 발생하지 않을까 하는 우려를 표현했다. 또 유럽의 요구는 상업 활동과 모든 유럽 국민의 장래에 대한 안전을 확립하는 것이 목적이라고 거듭 강조했다.

데이는 아무 이유 없이 중립국이 위협받는 일은 없을 것이라고 대답하며 프리맨틀과 줄리앙이 전달한 유럽의 의도에는 동의하지만 동의 문서 작성은 거부했다.

나흘 후인 9일 두 번째 회견이 이루어졌다.

데이는 프리맨틀과 줄리앙에게 알제의 교전권 포기를 요구하는 것이냐고 추궁했다. 프리맨틀과 줄리앙은 데이의 추궁에 이번 교섭과는 관계없는 사안이라고 답하면서도 부정한 선언으로 촉발된 전쟁은 유럽 제국과 군사적 충돌을 일으킬 것이라고 경고했다.

데이는 유럽 제국의 요구는 결국 알제가 모든 군비를 포기하고 항거 불능의 상태가 되길 바라는 것이나 다름없다고 주장했다. 그 말에 프리맨틀과 줄리앙은 유럽 국민의 평화로운 상업 활동을 위협한다면 다른 나라들처럼 군비를 보유할 수는 없을 것이라고 대답했다.

데이는 평화조약을 맺은 유럽 제국과의 모든 조약을 철저히 지킬 것이며 그들을 위협하는 군사력 행사도 없다고 선언했지만 적과 아군을 판단하기 위해 모든 선박을 검사하고 규정된 서류를 가지고 있지 않은 선박과 재산을 몰수하는 권리는 포기할 수 없다고 주장했다.

프리맨틀과 줄리앙은 그런 행위야말로 유럽의 선박에 크나큰 시간적 · 경제적 낭비를 초래한다며 받아들이지 않았다. 또한 알제가 유럽의 상업 활동에 대한 해적 행위를 계속한다면 유럽 제국의 군사력 행사를 피할 수 없을 것이라고 경고했다.

두 번째 회견에서도 끝내 데이는 '바르바리 해적' 근절을 받아들이는 문서를 제출하지 않았다. 프리맨틀과 줄리앙은 알제를 떠나 다음 목적지인 튀니스로 향했다.

데이가 문서 작성을 거부한 이유에 대해 알제 주재 프랑스 영사 뒤발은 본국에 데이가 '교섭의 배후에 유럽의 책략이 감춰져 있을 것을 우려해' 유럽의 요구를 액면 그대로 받아들이지 않은 것이라고 보고했다. 즉, 알제는 '바르바리 해적' 근절에 동의하고 무장 해제 상태가 되어버린 자국에 대한 유럽 제국의 침략을 우려한 것으로 보인다.

튀니스의 반론

9월 24일 튀니스에 도착한 프리맨틀과 줄리앙은 튀니스 주재 영사를 통해 마흐무드 베이와 접견을 요청했다.

사흘 후인 27일 프리맨틀과 줄리앙은 튀니스 궁전을 방문했다. 베이는 자신의 여러 아들과 대신 등의 주요 관리가 참석한 자리에서 그들을 맞았다.

베이는 프리맨틀과 줄리앙에게 받은 아랍어로 번역된 의정서 등을 아들들에게 건넸다. 프리맨틀과 줄리앙이 자리에 앉자 커피가 준비되었다. 잠시 자리를 떴던 베이의 아들이 돌아와 아버지와 이야기를 나누었다. 그리고 베이는 프리맨틀과 줄리앙에게 요구문을 이해할 수 없다며 생각할 시간이 필요하다고 말했다.

그림 5-16 마흐무드 베이

이틀 후인 29일에 열린 회합에서 마흐무드 베이는 유럽의 '바르바리 해적' 근절 요구에 대해 문서로 회답했다.

회답 문서의 주요 내용은 다음과 같다.

어떤 이유나 정의 없이 모든 관습을 무시하고 조약을 짓밟는 자들은 도적 혹은 해적이라고 불린다. 신의 가호로 우리는 당신들이 쓴 것과 같은 관습의 무시와 조약의 침해를 한 적도, 들은 바도 없다. ……

누구나 알겠지만 전쟁 중인 두 나라는 서로 상대에게 손해를 입힌다. 우리는 나폴리, 시칠리아, 사르데냐, 로마와 전쟁 중이

며 그들이 우리의 선박과 재산을 빼앗는 것과 마찬가지로 우리
도 그들의 선박과 재산을 빼앗는다. ……

당신들은 우리가 선박을 포기하는 것에 대해 모든 유럽 열강
이 동의하고 만약 우리가 동의하지 않으면 (유럽) 모든 열강이
무기를 들 것이며 결국 돌이킬 수 없는 사태를 맞게 될 것이라
고 한다.

여기에 대해 우리는 다음과 같이 대답한다.

우리는 오랫동안 선박에 군비를 갖춘 적도 적에게 해를 입힌
일도 없다. 우리는 지금까지 무기를 들 생각조차 하지 않았다. 하
지만 누군가 우리를 해하려고 할 때에는 있는 힘껏 스스로를 지
킬 것이다. 누구나 자신의 지위와 명예가 침해받는 것을 참고 넘
어갈 수 없기 때문이다. 그것은 우리의 종교에도 규정되어 있다.

모든 정부는 해상과 육상에서 호의적이지 않은 사람들로부터
자국을 지켜야 한다. 어떻게 우리가 선박을 무장해서는 안 된다
는 당신들의 요구에 동의할 수 있겠는가. 오스만 제국의 전쟁
상황에서 제국이 무장 선박의 지원을 요청할 경우에는 어떻게
대답해야 한단 말인가.

이것이 당신들의 요구에 대한 회답의 전부이자 진실이다. 어
떤 동기로든 당신들이 부당한 행동으로 우리를 해하려고 한다
면 전능하신 신께서 우리를 지켜주실 것이다.

(모모이 지로『바르바리 해적의 종언』중에서)

마흐무드 베이의 회답 문서는 유럽의 통고를 정면으로 반론한

것이었다. '바르바리 해적' 근절 요구에 대해 마흐무드 베이는 알제의 데이와 마찬가지로 유럽 제국이 지적한 부정행위는 없었으며 해적이라고 불릴 이유도 없고 자위를 위한 무장도 포기할 수 없다고 선언했다.

또한 마흐무드 베이도 '바르바리 해적' 근절을 요구하는 유럽의 저의를 의심했다.

튀니스 주재 프랑스 영사 뒤부아는 본국에 베이가 이번 사절 방문을 '튀니스에 대한 더 크고 조직적인 계획을 실시할 전조'라고 받아들였다고 보고했다. 알제와 마찬가지로 유럽의 숨은 의도가 있다고 본 것이다.

1830년의 해결

트리폴리의 베이는 문서를 통해 '바르바리 해적' 근절을 승낙했지만 알제의 데이와 튀니스의 베이는 동의 문서 작성을 거부했다. 다만, 유럽 제국이 동맹을 결성해 알제와 튀니스를 공격하는 일은 없었다. 튀니스에서는 이미 해적 활동이 진정된 상태였고 알제에서는 유럽 선박에 대한 산발적인 공격이 있기는 했지만 실질적으로 '바르바리 해적'은 종식되었다.

1830년 명실 공히 '바르바리 해적'은 종언을 맞았다.

1830년 6월 14일 뒤페레 제독이 지휘하는 37,000명의 프랑스 군이 알제 근교의 시디 페루슈 만에 상륙해 알제를 향해 진군했다.

그림 5-17 프랑스 군의 알제 침공

후세인 데이의 우려가 현실이 된 것이다.

알제 군은 프랑스 군과의 압도적인 병력 차이로 후퇴할 수밖에 없었다. 7월 5일 알제는 프랑스에 항복했다. 그것은 130년 넘게 이어진 알제리에 대한 프랑스 식민 지배의 시작이기도 했다.

한편, 알제 침공으로부터 두 달 후인 1830년 8월 튀니스의 후세인 베이는 프랑스와 8개 항목으로 구성된 신 조약을 체결했다.

이 조약으로 1819년 동의 문서 작성을 거부했던 '바르바리 해적' 근절이 규정되었다. 또한 프랑스가 튀니스 영해의 산호업 독점권을 획득하고 베이의 올리브유 전매제를 금지하는 등 튀니스 경제 전반에 영향을 미칠 수 있는 조건이 추가되었다.

1830년에 체결된 신 조약은 프랑스와 튀니스의 상호적 규정을 토대로 한 조약이 아닌 튀니스의 편무적인 의무 수락이었다. 프랑스 연구가 다니엘 판자크는 이 조약에 대해 '유럽 열강이 해군력을 앞세워 아프리카·아시아 제국과 맺은 19세기 최초의 불평등 조약'이었다고 지적한다.

1830년 알제에서는 프랑스 군의 침공이라는 군사적 수단으로 튀니스에서는 프랑스와의 '불평등 조약' 체결이라는 외교적 수단에 의해 마침내 '바르바리 해적'은 종언을 맞았다. 고대부터 계속된 지중해 해적의 종언이기도 했다.

제6장
현대와 해적

소말리아 해적의 출현

21세기 들어 해적의 존재가 현실적인 문제로 대두되었다. 인도 양의 소말리아 해적이다.

소말리아 연방 공화국은 1990년대 초 내전이 격화되면서 1993년에는 국제연합 평화유지활동PKO의 일환으로 미국을 중심으로 한 다국적군이 개입했다. 하지만 소말리아의 격렬한 저항에 부딪힌 다국적군은 1995년 완전 철수했다. 그 후, 소말리아는 계속된 내전으로 정부 기능이 마비되면서 국제 사회에서 '파탄 국가' 혹은 '실패 국가'로 불리는 지경에 이르렀다.

1990년대 후반 이후부터 소말리아 연안 지역에서 박격포와 자동소총으로 무장한 소형 선박이 소말리아 북쪽 아덴만과 소말리아 연해를 항해하는 배를 습격하는 일이 일어났다. 2000년대 중반에는 유조선이나 대형 선박처럼 속도가 느린 선박들이 습격당하는 사건들이 발생해 국제적인 문제로 번졌다.

예컨대, 2008년에는 이 해역에서 111건의 해적 사건이 발생하고 선박 42척과 선원 815명이 나포되었다. 소말리아 해적은 고속 소형선을 몰고 목표 선박에 다가가 총을 쏘며 배를 세운 후 사다리 등으로 배에 올라타 선원들을 납치한다고 한다. 명백한 현대의 해적이다.

아덴만과 소말리아 연안은 수에즈 운하를 경유해 지중해와 인도 양을 잇는 중요한 항로이다. 일본에 있어서는, 중동으로부터의 원유 수송선이 오가는 경로이기도 하다.

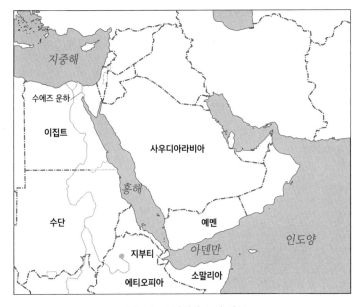

그림 6-1 소말리아 근해 지도

소말리아 해적으로 인한 피해가 커지자 각국은 자국 선박의 안전 확보를 위해 해군을 파견했다. 본래대로라면 해적이 거점을 둔 나라가 단속을 맡는 것이 바람직하지만 '파탄 국가'로 불리는 소말리아 정부가 해결하기 힘든 상황이었다. 이른바, 주권국가 체제로서의 베스트팔렌 체제의 붕괴로 또 다시 해적이 출현한 것이다.

소말리아 해적에 대처하기 위해 미국, 영국, 러시아 등에 이어 일본도 2009년 해상 자위대의 호위함을 파견하고 '해적 행위의 처벌 및 대처에 관한 법률' 이른바, 해적 대처법을 제정했다.

국제법상의 해적

국제법상에 해적 행위를 금지하는 규정이 명문화된 것은 '바르바리 해적'이 종식된 19세기 이후였다.

사략 행위에 대해서는 1856년의 파리 선언 채택으로 유럽 제국 간에 사략 행위가 금지되었다. 또 1907년 헤이그 평화회의에서 민간 선박이 전쟁 행위에 가담하는 것을 금지하는 조약이 체결되면서 국제법상 사략 행위 즉 민간 선박에 의한 국가 공인 해적 행위가 금지되었다.

한편, 일반적인 해적 행위에 대해서는 1958년 개최된 제1회 국제연합 해양법회의에서 공해에 관한 조약이 체결되면서 공해상의 해적의 정의와 대처가 규정되었다. 이 조약은 1982년에 제정된 국제연합 해양법 협약으로 계승되었다.

현재, 국제법상의 해적 행위는 공해상이나 어떤 관할권도 미치지 않는 장소에서 '민간 선박 또는 민간 항공기의 승무원이나 승객에 대해 사적 목적으로 범하는 모든 불법적인 폭력 행위 또는 약탈 행위'라고 정의된다.

즉, 오늘날 국제법상의 해적 행위란 영해 내에서의 국내 범죄나 국가가 행하는 전쟁 행위와 달리 공해 등에서 사적 목적을 가진, 사적 존재에 의해 행해지는 폭력 행위를 가리킨다. 그것은 폭력의 독점을 전제로 한 주권국가 체제에서는 인정할 수 없는 존재이다.

그리고 국제법상 모든 국가는 해적 행위 규제에 최대한 협력해야 하고 모든 국가는 해적선을 나포하고 재판할 권리를 갖는다.

일반적으로 공해를 항해하는 선박은 선적을 가진 국가가 관할권을 갖고 그 나라의 법률을 적용하는 기국旗國주의가 채택된다. 하지만 해적선에 대해서는 모든 나라에 단속과 재판의 권리가 주어진다. 그 말은 곧 해적은 '인류 공통의 적'으로서 국제법상의 예외적 존재가 된 것이다.

근대 국제질서의 형성

미국의 역사가 제니스 E. 톰슨은 주권국가체제라는 근대 국제질서의 형성에 해적의 존재가 크게 기여했다고 말한다.

톰슨은 17세기와 18세기에는 잉글랜드, 프랑스, 네덜란드 등이 주권국가로서 국제적으로 독립된 지위를 구축하는 데 있어 사략을 구실로 한 해적 행위가 유용했다고 말한다. 잉글랜드 등의 사략이 스페인의 정치 경제적인 패권을 저지함으로써 결과적으로 유럽 제국이 경합하는 국제질서를 만들어낸 것이다.

하지만 사략 행위의 장려는 전후 해적이 활개를 치는 상황을 초래하고 급기야 자국의 무역과 식민지 경영에도 악영향을 미친다. 그런 이유로 잉글랜드와 프랑스 등은 해군력을 강화해 사략선에 대한 의존도를 낮췄다.

그럼에도 18세기까지는 전쟁 행위의 일환으로서 사략을 인정했다. 19세기 이후에야 마침내 사략 행위가 사라졌다. 앞서 살펴본 것처럼 국제법상으로도 사략 행위가 금지되었다. 해상에도 국가에 의한 폭력의 독점이 정착한 것이다.

톰슨은 이 같은 국가에 의한 폭력의 독점이 의도된 결과라기보다 각국이 현실 문제에 대처한 결과 사후적으로 발생한 현상이라고 설명했다.

톰슨의 주장을 정리하면 17, 18세기에는 사략 행위를 하는 해적의 존재가 스페인의 패권을 저지해 경합적인 주권국가로 이루어진 국제질서를 만드는 데 공헌하고 그 후에는 해적의 만연을 억제하기 위해 해상에서도 국가에 의한 폭력의 독점이 정착하면서 주권국가 체제가 강화되었다는 것이다. 톰슨은 이 두 가지 면에서 해적의 존재가 근대의 주권국가 체제 형성에 기여했다고 말한다.

톰슨의 주장에 덧붙여, 해적의 존재가 근대 국제질서에 영향을 미친 또 한 가지 면을 제기할 수 있다. 해적 근절에 관한 유럽 제국의 협조가 국제사회의 발전에 기여했다는 점이다.

제5장에서 살펴보았듯이, 19세기 초의 빈 체제하에서 유럽 제국은 '바르바리 해적' 근절을 협의하고 결의에 이르렀다. '바르바리 해적' 문제는 빈 체제의 특징 중 하나인 회의 외교를 통한 대국 간 협조의 성과였다.

미국의 역사가 폴 W. 슈뢰더는 18세기의 국제질서를 지배한 것이 패권 전쟁이 끊이지 않는 경쟁적인 힘의 균형이었다면 19세기의 국제질서는 대국의 협조에 의한 '정치적 균형'이 바탕에 있었다고 말한다.

슈뢰더가 지적한 19세기 초 국제 질서의 변화는 '바르바리 해적'

을 둘러싼 외교에서도 찾아볼 수 있다. 18세기까지 유럽 각국은 개별적으로 북아프리카와 조약을 맺는 경쟁적 관계였지만 19세기 초부터는 유럽 제국이 함께 '바르바리 해적' 문제를 협의하고, 결정한 내용은 공동으로 북아프리카 영토에 통고하는 협조적 관계로 변화했다. 해적의 존재가 유럽 제국의 협력을 이끌어내고 국제사회 형성에 기여한 것이다.

다만, 그것은 국제사회와 비국제사회의 경계선을 긋는 결과를 낳기도 했다. 유럽에서의 국제사회 형성은 비유럽 국가인 북아프리카를 국제사회 밖의 존재로 취급하는 국제질서를 만든 것이다. 실제 북아프리카나 오스만 제국은 '바르바리 해적' 근절 회의에 참가하지 못하고 일방적인 통고를 받았을 뿐이다.

오스트리아의 국제정치학자 헤들리 불은 국제정치를 단순한 힘의 균형 상태로 보지 않고 국제적인 공통 규범과 공통 이익에 주목하여 일정한 사회적 상태에 있다고 보는 국제사회론을 전개했다. 앞서 살펴본 슈뢰더의 19세기 국제질서와도 이어지는 논의이다.

한편, 영국의 국제정치학자 에드워드 킨은 국제사회론을 받아들이면서도 국제사회의 발전사에 있어 다른 측면을 지적했다. 유럽 내에서는 '관용'의 원리를 토대로 서로의 주권을 존중하는 국제사회가 발전한 데 반해 국제사회 밖의 비유럽 국가에 대해서는 '관용'의 원리가 적용되지 않고 '문명화'의 원리를 바탕으로 규범과 규칙이 강요되었다는 것이다. 그것은 같은 19세기의 유럽에서 국제사회의 발전과 비유럽 국가에 대한 식민지화가 동시에 일어난 것으로 설명될 수 있다.

제5장에서 살펴본 '바르바리 해적' 근절은 그야말로 '문명화' 과정의 한 단면이었다. '국제사회'로서 유럽의 결정은 북아프리카에 일방적으로 통보되었으며 1830년 프랑스는 알제를 침공하고 식민 지배했다.

키케로는 팍스 로마나 시대에 '해적은 인류 공통의 적'이라고 말했다. 팍스 로마나는 바꿔 말하면 로마가 패권을 장악한 시대이다. 같은 관점에서 19세기 초반의 지중해의 패권을 장악한 유럽이 '문명화'의 원리로 '바르바리 해적'을 근절한 것이라고 볼 수 있다.

해적과 테러리즘

2001년 9월 11일 미국에서 벌어진 동시다발적인 테러 사건 이후, 미국에서는 '바르바리 해적'의 역사가 주목받았다. 18세기 말부터 19세기 초반의 '바르바리 해적' 문제에 대한 대처와 21세기의 대테러 전쟁을 비교한 논의가 이루어졌다.

예컨대, 영국의 역사가 폴 존슨은 10월 9일 월스트리트 저널에서 '미국은 테러 지원국과의 전쟁을 수행하는 것 이외의 다른 선택지가 없다'라고 말하고 그에 대한 설명으로 과거 '바르바리 해적' 문제에 대한 미국의 의연한 대응을 언급했다.

또 2003년에 출간된 조셉 윌런의 『제퍼슨의 전쟁—미국 최초의 대테러 전쟁 1801~1805』에서는 미국의 행동으로 지중해는 '바르바리 해적'이라는 테러에서 해방되었다며 트리폴리 전쟁을 미국 최초의 대테러 전쟁으로 평가했다.

그 밖에도 '바르바리 해적'을 둘러싼 미국 외교에 관한 논문과 서적이 잇따라 발표되었다. 대부분 '바르바리 해적' 문제에 대한 미국의 외교 방식과 현대의 대테러 전쟁을 직접적이고 은유적으로 연결하며 '바르바리 해적' 문제를 미국의 대테러 전쟁의 기원으로 평가하고 미국의 적극적인 행동을 촉구했다.

해적과 테러리즘을 연결 짓는 사고의 배경에는 국제질서를 교란하는 양 측의 공통된 성질을 발견할 수 있다. 해적과 테러리스트 모두 국제사회에 반하는 '인류 공통의 적'이며 근절되어야 한다. 무법자 이른바 법의 테두리 밖에 있는 존재인 해적과 테러리스트의 진압을 위한 폭력은 정당화되고 철저한 군사 작전이 전개된다.

물론 19세기와 달리 현대의 국제사회는 비유럽 국가가 포함된 전 지구적 규모로 발전했다. 그런 의미에서 현대는 더 이상 유럽의 패권이 아닌 '국제사회'의 패권이라고 해야 할 상황으로 변화했다.

다만, 여기서 다시 한 번 '대왕과 해적'의 일화를 떠올려보고 싶다. 아우구스티누스가 지적한 것처럼 정의가 없으면 대왕과 해적은 본질적으로 다르지 않다.

해적이나 테러리즘도 폭력성이라는 측면에 주목하면 당연히 사라져야 할 존재이다. 하지만 해적을 무조건 악으로 간주해 근절하기에 앞서 '국제사회'의 일원으로서 우리가 진짜 공정한 질서와 규범을 확립하고 있는지를 늘 의식해야만 한다. 단순히 거대한 권력을 휘둘러 세계를 지배하는 대왕은 해적과 다를 바 없다.

해적의 양면성

해적이 배를 습격하고 도시를 약탈하는 폭력적인 측면이 있는 것은 확실하다. 현대의 인도적인 관점에서도 해적 행위는 도저히 용서할 수 없는 행위이다.

다만, 우리가 해적에 매력을 느끼는 것은 그런 폭력성이 아니라 해적이 가진 또 다른 측면일 것이다. 그것은 역설적이게도 질서를 부정하는 반역자로서의 측면과 국가에 저항하는 개인으로서의 측면 또는 관리에 반발하는 자유에 대한 측면이다.

해적의 역사에는 기존 지배 질서에 대한 반발이 자주 등장한다. 섹스투스 폼페이우스의 전투와 잉글랜드의 사략 행위 등이 그러하다. 또 카리브 해의 '해적 공화국'처럼 신분제 국가로부터의 자유를 지향하는 해적들도 나타났다.

오늘날 우리가 광활한 우주를 바라보며 꿈을 키워가듯이 인류는 끝없이 펼쳐진 바다 너머로 다양한 세상을 꿈꿨다. 인간에게 바다는 끝없이 펼쳐진 미지의 세계였다. 그리고 어느 시대에나 사람들은 성공에 대한 야심과 모험심을 좇아 혹은 사회적 구속으로부터의 해방을 꿈꾸며 바다에 자신의 운명을 맡겼다. 그런 시도 중 하나가 해적이었다.

해적의 이런 측면이야말로 시대를 뛰어넘어 사람들을 사로잡고 동경과 열정을 품게 하는 요인이었다. 해적들은 미지의 세계인 바다 저 멀리에 성공과 명성 그리고 모험과 자유를 찾아 나섰다.

바다에 의지해 어느 누구에게도 얽매이지 않고 자유롭게 행동하는 해적의 모습은 다양한 속박 속에서 살아가는 우리에게 때로는 동경의 대상이 된다. 해적도 해적과 같은 삶도 더는 존속할 수 없는 시대이기 때문에 우리는 더욱 그들에게 동경을 품는다.

인간이 근본적으로 자유를 추구하는 존재인 이상 해적은 반역과 해방과 자유를 상기시키는 존재로 영원히 기억될 것이며 해적의 역사도 거듭해서 읽힐 것이다.

후기

지금까지 해적이라는 존재를 통해 대략적으로 각 시대의 특징을 파악하고 고대부터 현대에 이르는 세계사의 전개를 살펴보았다. 폭넓은 독자층을 대상으로 최대한 이해하기 쉽게 역사의 흐름을 짚어보려 했으나 이제 평가는 독자에게 맡기고 지금은 부족한 점에 대한 비판과 독자 여러분의 의견을 기다릴 뿐이다.

해적의 역사에 대해서는 지금껏 다양한 연구가 이루어지고 관련 서적도 다수 출간되어 있다. 이 책에서 나의 독창적인 연구 성과라고 할 수 있는 부분이 있다면 제5장과 제6장의 일부에 한하며 거의 대부분의 내용은 지금까지의 선행 연구를 바탕으로 하였다. 주요 참고 문헌은 이 책에서 인용한 문헌을 중심으로 책 말미에 실었다.

이 책을 출간하기까지 주코신서 편집부의 사카이 다카히로 씨를 비롯하여 많은 분들의 도움이 있었다. 무척 많은 분들이 도움을 주셨는데 특히, 사카가미 다카시 씨와 미네 요이치 씨 이 두 분과의 만남이 없었다면 이 책을 출간할 수 있는 기회를 얻지 못했을 것이다.

일본, 알제리, 튀니지 등에서 만난 친구들, 가족, 동료, 학생들에게도 출간을 알릴 수 있게 되어 기쁘게 생각한다.

다시 한 번 여러분들의 조언과 격려에 진심으로 감사의 말씀을
드리고 싶다.

모모이 지로

참고 문헌

【전반】
- 고지마 아쓰오(小島敦夫)『해적 열전(海賊列伝)』세이분도신코샤(誠文堂新光社), 1985년
- 필립 고스『해적의 세계사(海賊の世界史)』주코문고, 2010년
- 데이비드 코딩리 엮음『도설 해적대전(図説 海賊大全)』도요쇼린(東洋書林), 2000년
- 필리프 자캥『해적의 역사(海賊の歴史)』소겐샤(創元社), 2003년
- 휴버트 데샹『해적(海賊)』하쿠스이샤(白水社), 1965년
- 리처드 플랫『해적 사전(海賊事典)』아스나로쇼보(あすなろ書房), 2006년
- 베시 타쓰오(別枝達夫)『해적의 계보(海賊の系譜)』세이분도신코샤, 1980년
- 마스다 요시오(増田義郎)『도설 해적(図説 海賊)』가와데쇼보신샤(河出書房新社), 2006년

【제1장】
- 아우구스티누스『신국론(神の国)』이와나미문고(岩波文庫), 1982~91년
- 키케로「국가에 대하여」『키케로 선집 8』이와나미쇼텐(岩波書店), 1999년
- 키케로「의무에 대하여」『키케로 선집 9』이와나미쇼텐, 1999년
- 노암 촘스키『테러의 제국 미국─해적과 제왕(テロの帝国 アメリカ─海賊と帝王)』아카시쇼텐(明石書店), 2003년
- 투키디데스『전쟁사(戦史)』이와나미문고, 1966~67년
- F. 파킨슨『국제관계의 사상(国際関係の思想)』이와나미쇼텐, 1991년
- 하세가와 히로타카(長谷川博隆)『한니발』고단샤학술문고(講談社学術文庫), 2005년
- 플루타르코스『플루타르코스 영웅전(プルタルコス英雄伝)』지쿠마학예문고(ちくま学芸文庫), 1996년
- 헤로도토스『역사』이와나미문고, 1971~72년
- 호메로스『일리아스』이와나미문고, 1953~58년
- 호메로스『오디세이아』이와나미문고, 1971~72년

【제2장】
- 아우구스티누스『신국론』이와나미문고, 1982~91년
- 이즈쓰 도시히코(井筒俊彦)『이슬람 탄생(イスラーム生誕)』주코문고, 2003년
- 사토 쓰기다카(佐藤次高) 엮음『이슬람의 역사 1(イスラームの歴史1)』야마가와(山川)출판사, 2010년

- 다카야마 히로시(高山博)『중세 시칠리아 왕국(中世シチリア王国)』고단샤현대신서(講談社現代新書), 1999년
- 하시구치 도모스케(橋口倫介)『십자군(十字軍)』이와나미신서, 1974년
- 하시구치 도모스케『십자군 기사단(十字軍騎士団)』고단샤학술문고, 1994년
- 발라두리『제국 정복사 1(諸国征服史1)』이와나미쇼텐, 2012년
- 마쓰타니 겐지(松谷健二)『반달 흥망사(ヴァンダル興亡史)』주코문고, 2007년
- Enan. Muhammad Abdullah, *Decisive Moments in the History of Islam*, Sh. Muhammad Ashraf, 1943
- Kaminiates, John, *The Capture of Thessaloniki*, translated by David Frendo and Athanasios Fotiou, Australian Association for Byzantine Studies, 2000.
- Lewis, A. R. and Runyan, T. J., *European Naval and Maritime History, 300-1500*, Indiana University Press, 1990.
- Liudprand of Cremona, *The Complete Works of Liudprand of Cremona,* translated by Paolo Squatriti, The Catholic University of America Press, 2007.
- Procopius, *History of the Wars*, Volume III, translated by H. B. Dewing, Harvard University Press, 1916.

【제3장】
- 이와네 구니카즈(岩根圀和)『이야기 스페인의 역사(物語 スペインの歴史)』주코신서, 2002년
- 에무라 히로시(江村洋)『카를 5세(カール五世)』도쿄서적(東京書籍), 1992년
- 세르반테스『돈키호테』이와나미문고, 2001년
- 니콜라스 마키아벨리『군주론(君主論)』고단샤학술문고, 2004년
- 스탠리 레인 풀『바르바리 해적 성쇠기(バルバリア海賊盛衰記)』리브로포트, 1981년
- Courtinat, Roland, *La piraterie barbaresque en Méditerranée*, Éditions Jacques Gandini, 2003.
- Diego de Haëdo, *Histoire des Rois d'Alger*, Éditions G.A.L., 2004.
- Édith Garnier, *L'alliance impie: François 1er et Soliman le Magnifique contre Charles Quint*, Éditions du Félin, 2008
- Sinân Chaouch, *Fondation de la régence d'Alger. Histoire des frères Barberousse*, éditions Grand-Alger livres, 2006.
- Wolf, John B., *The Barbary Coast: Algeria under the Turks*, Norton, 1979.

【제4장】
- 아오키 에이치(青木栄一)『해양력 세계사 1(シーパワーの世界史1)』출판협동사(出版協同社), 1982년
- 이시지마 하루오(石島晴夫)『카리브의 해적 헨리 모건(カリブの海賊ヘンリー・モーガン)』하라쇼보(原書房), 1992년
- 네빌 윌리엄즈『드레이크』하라쇼보, 1992년

- 존 에스케멜링『카리브의 해적(カリブの海賊)』세이분도신코샤, 1983년
- 구니모토 이요(国本伊代)『개설 라틴아메리카사(概説ラテンアメリカ史)』신평론(新評論), 1993년
- 가브리엘 쿤『해적기를 휘날리며(海賊旗を掲げて)』야코샤(夜光社), 2013년
- J. M. 케인즈『케인즈 설득론집(ケインズ 説得論集)』일본경제신문출판사(日本経済新聞出版社), 2010년
- 크리스토퍼 콜럼버스『콜럼버스 항해록(コロンブス航海誌)』이와나미문고, 1977년
- 크리스토퍼 콜럼버스『전항해 보고(全航海の報告)』이와나미문고, 2011년
- 찰스 존슨『해적열전(海賊列伝)』주코문고, 2012년
- 스기우라 아키노리(杉浦昭典)『해적 캡틴 드레이크(海賊キャプテン・ドレーク)』주코신서, 1987년
- 다카바야시 히데오(高林秀雄) 『영해제도의 연구(제2판)(領海制度の研究)』유신도코분샤(有信堂高文社), 1979년
- 베시 타쓰오(別枝達夫)『캡틴 키드』주코신서, 1965년
- 홉스『리바이어던』주오코론신샤, 2009년
- 마쓰다 요시오『콜럼버스』이와나미신서, 1979년
- 마쓰다 요시오『약탈의 바다 카리브(略奪の海カリブ)』이와나미신서, 1989년
- 마스다 요시오·야마다 무쓰오(山田睦男) 엮음『라틴 아메리카사 1』야마가와출판사,1999년
- 사무엘 모리슨『대항해자 콜럼버스(大航海者コロンブス)』하라쇼보, 1992년
- 라스 카사스『인디언 파괴에 관한 간결한 보고(インディアスの破壊についての簡潔な報告)』이와나미문고, 2013년
- 우즈 로저스『세계 일주기(世界巡航記)』이와나미서점, 2004년

【제5장】
- 아오키 에이치『해양력 세계사 1』출판협동사, 1982년
- 호리 모토미(堀元美)『범선 시대의 아메리카(帆船時代のアメリカ)』아사히소노라마(朝日ソノラマ), 1996년
- 모모이 지로(桃井治郎)『바르바리 해적의 종언(「バルバリア海賊」の終焉)』주부대학(中部大学), 2015년
- 스탠리 레인 풀『바르바리 해적 성쇠기』리브로포트, 1981년
- Allen, Gardner W., *Our Navy and Barbary Corsairs*, Hamden, Archon Books, 1965.
- Dupuy, Emile, *Américains & Barbaresques 1776-1824*, R. Roger et F. Chernoviz, 1910 (reprint editions, Bouchène, 2002).
- London, Joshua E.,*Victory in Tripoli: How America's War with the Barbary Pirates Established the U.S. Navy and Shaped a Nation*, John Wiley&Sons, 2005.
- Panzac, Daniel, *Les corsaires barbaresques: La fin d'une épopée, 1800-1820*, CNRS Éditions, 1999.
- Perkins, Roger&Douglas-Morris, Captain K, *Gunfire in Barbary*, Kenneth Mason, 1982.

【제6장】
- 헤들리 불『국제사회론(国際社会論)』이와나미서점, 2000년
- 방위지식보급회 엮음『해적대책(海賊対策)』나이가이출판(内外出版), 2009년
- 모모이 지로『바르바리 해적의 종언』주부대학, 2015년
- Keene, Edward, *Beyond the Anarchical Society: Grotius, Colonialism and Order in World Politics*, Cambridge University Press, 2002.
- Thomson, Janice E., *Mercenaries, Pirates, and Sovereigns: State-Building and Extraterritorial Violence in Early Modern Europe*, Princeton University Press, 1944.
- Wheelan, Joseph, *Jefferson's War: America's First War on Terror 1801-1805*, Carroll&Graf Publishers, 2003.

〈저자 촬영〉
- 그림 1-4, 그림 1-10, 그림 1-11, 그림 1-12, 그림 2-1, 그림 2-4, 그림 2-5, 그림 2-9, 그림 3-3, 그림 3-4, 그림 3-7, 그림 3-8, 그림 3-10, 그림 3-18, 그림 4-2, 그림 4-10, 그림 4-13, 그림 4-16, 그림 4-17, 그림 5-13
- 지도 제작 / 세키네 미유

창작을 꿈꾸는 이들을 위한 안내서
AK 트리비아 시리즈

-AK TRIVIA BOOK-

No. 01 도해 근접무기
오나미 아츠시 지음 | 이창협 옮김 | 228쪽 | 13,000원
근접무기, 서브 컬처적 지식을 고찰하다!
검, 도끼, 창, 곤봉, 활 등 현대적인 무기가
등장하기 전에 사용되던 냉병기에 대한 개
설서. 각 무기의 형상과 기능, 유형부터 사용 방법은 물론
서브컬처의 세계에서 어떤 모습으로 그려지는가에 대해
서도 상세히 해설하고 있다.

No. 02 도해 크툴루 신화
모리세 료 지음 | AK커뮤니케이션즈 편집부 옮김 |
240쪽 | 13,000원
우주적 공포. 현대의 신화를 파헤치다!
현대 환상 문학의 거장 H.P 러브크래프트
의 손에 의해 창조된 암흑 신화인 크툴루 신화. 111가지
의 키워드를 선정, 각종 도해와 일러스트를 통해 크툴루
신화의 과거와 현재를 해설한다.

No. 03 도해 메이드
이케가미 료타 지음 | 코트랜스 인터내셔널 옮김 |
238쪽 | 13,000원
메이드의 모든 것을 이 한 권에!
메이드에 대한 궁금증을 확실히 해결해
주는 책. 영국, 특히 빅토리아 시대의 사회를 중심으로,
실존했던 메이드의 삶을 보여주는 가이드북.

No. 04 도해 연금술
쿠사노 타쿠미 지음 | 코트랜스 인터내셔널 옮김 |
220쪽 | 13,000원
기적의 학문, 연금술을 짚어보다!
연금술사들의 발자취를 따라 연금술에 대
해 자세하게 알아보는 책. 연금술에 대한 풍부한 지식을
쉽고 간결하게 정리하여, 체계적으로 해설하며, '진리'를
위해 모든 것을 바친 이들의 기록이 담겨있다.

No. 05 도해 핸드웨폰
오나미 아츠시 지음 | 이창협 옮김 | 228쪽 | 13,000원
모든 개인화기를 총망라!
권총, 소총, 기관총, 어설트 라이플, 샷건,
머신건 등, 개인 화기를 지칭하는 다양한 명
칭들은 대체 무엇을 기준으로 하며 어떻게 붙여진 것일
까? 개인 화기의 모든 것을 기초부터 해설한다.

No. 06 도해 전국무장
이케가미 료타 지음 | 이재경 옮김 | 256쪽 | 13,000원
전국시대를 더욱 재미있게 즐겨보자!
소설이나 만화, 게임 등을 통해 많이 접할
수 있는 일본 전국시대에 대한 입문서. 무장
들의 활약상, 전국시대의 일상과 생활까지 상세히 서술,
전국시대에 쉽게 접근할 수 있도록 구성했다.

No. 07 도해 전투기
가와노 요시유키 지음 | 문우성 옮김 | 264쪽 | 13,000원
빠르고 강력한 병기, 전투기의 모든 것!
현대전의 정점인 전투기. 역사와 로망 속
의 전투기에서 최신예 스텔스 전투기에 이
르기까지, 인류의 전쟁사를 바꾸어놓은 전투기에 대하여
상세히 소개한다.

No. 08 도해 특수경찰
모리 모토사다 지음 | 이재경 옮김 | 220쪽 | 13,000원
실제 SWAT 교관 출신의 저자가 특수경찰
의 모든 것을 소개!
특수경찰의 훈련부터 범죄 대처법, 최첨단
수사 시스템, 기밀 작전의 아슬아슬한 부분까지 특수경
찰을 저자의 풍부한 지식으로 폭넓게 소개한다.

No. 09 도해 전차
오나미 아츠시 지음 | 문우성 옮김 | 232쪽 | 13,000원
지상전의 왕자, 전차의 모든 것!
지상전의 지배자이자 절대 강자 전차를 소
개한다. 전차의 힘과 이를 이용한 다양한 전
술, 그리고 그 독특한 모습까지. 알기 쉬운 해설과 상세한
일러스트로 전차의 매력을 전달한다.

No. 10 도해 헤비암즈
오나미 아츠시 지음 | 이재경 옮김 | 232쪽 | 13,000원
전장을 압도하는 강력한 화기, 총집합!
전장의 주역, 보병의 든든한 버팀목인 강
력한 화기를 소개한 책. 대구경 기관총부터
유탄 발사기, 무반동총, 대전차 로켓 등, 압도적인 화력으
로 전장을 지배하는 화기에 대하여 알아보자!

No. 11 도해 밀리터리 아이템

오나미 아츠시 지음 | 이재경 옮김 | 236쪽 | 13,000원

군대에서 쓰이는 군장 용품을 완벽 해설!
이제 밀리터리 세계에 발을 들이는 입문자
들을 위해 '군장 용품'에 대해 최대한 알기
쉽게 다루는 책. 세부적인 사항에 얽매이지 않고, 상식적
으로 갖추어야 할 기초지식을 중심으로 구성되어 있다.

No. 12 도해 악마학

쿠사노 타쿠미 지음 | 김문광 옮김 | 240쪽 | 13,000원

악마에 대한 모든 것을 담은 총집서!
악마학의 시작부터 현재까지의 그 연구 및
발전 과정을 한눈에 알아볼 수 있도록 구성
한 책. 단순한 흥미를 뛰어넘어 영적이고 종교적인 지식
의 깊이까지 더할 수 있는 내용으로 구성.

No. 13 도해 북유럽 신화

이케가미 료타 지음 | 김문광 옮김 | 228쪽 | 13,000원

세계의 탄생부터 라그나로크까지!
북유럽 신화의 세계관, 등장인물, 여러 신과
영웅들이 사용한 도구 및 마법에 대한 설명
까지! 당시 북유럽 국가들의 생활상을 통해 북유럽 신화
에 대한 이해도를 높일 수 있도록 심층적으로 해설한다.

No. 14 도해 군함

다카하라 나루미 외 1인 지음 | 문우성 옮김 | 224쪽 |
13,000원

20세기의 전함부터 항모, 전략 원잠까지!
군함에 대한 입문서. 종류와 개발사, 구조,
제원 등의 기본부터, 승무원의 일상, 정비 비용까지 어렵
게 여겨질 만한 요소를 도표와 일러스트로 쉽게 해설한다.

No. 15 도해 제3제국

모리세 료 외 1인 지음 | 문우성 옮김 | 252쪽 | 13,000원

나치스 독일 제3제국의 역사를 파헤친다!
아돌프 히틀러 통치하의 독일 제3제국에 대
한 개론서. 나치스가 권력을 장악한 과정부
터 조직 구조, 조직을 이끈 핵심 인물과 상호 관계와 갈
등, 대립 등, 제3제국의 역사에 대해 해설한다.

No. 16 도해 근대마술

하니 레이 지음 | AK커뮤니케이션즈 편집부 옮김 |
244쪽 | 13,000원

현대 마술의 개념과 원리를 철저 해부!
마술의 종류와 개념, 이름을 남긴 마술사와
마술 단체, 마술에 쓰이는 도구 등을 설명한다. 겉핥기식
의 설명이 아닌, 역사와 각종 매체 속에서 마술이 어떤 영
향을 주었는지 심층적으로 해설하고 있다.

No. 17 도해 우주선

모리세 료 외 1인 지음 | 이재경 옮김 | 240쪽 | 13,000원

우주를 꿈꾸는 사람들을 위한 추천서!
우주공간의 과학적인 설명은 물론, 우주선
의 태동에서 발전의 역사, 재질, 발사와 비
행의 원리 등, 어떤 원리로 날아다니고 착륙할 수 있는지,
자세한 도표와 일러스트를 통해 해설한다.

No. 18 도해 고대병기

미즈노 히로키 지음 | 이재경 옮김 | 224쪽 | 13,000원

역사 속의 고대병기, 집중 조명!
지혜와 과학의 결정체, 병기. 그중에서도 고
대의 병기를 집중적으로 조명, 단순한 병기
의 나열이 아닌, 각 병기의 탄생 배경과 활약상, 계보, 작
동 원리 등을 상세하게 다루고 있다.

No. 19 도해 UFO

사쿠라이 신타로 지음 | 서형주 옮김 | 224쪽 | 13,000원

UFO에 관한 모든 지식과, 그 허와 실.
첫 번째 공식 UFO 목격 사건부터 현재까지,
세계를 떠들썩하게 만든 모든 UFO 사건
을 다룬다. 수많은 미스터리는 물론, 종류, 비행 패턴 등
UFO에 관한 모든 지식들을 알기 쉽게 정리했다.

No. 20 도해 식문화의 역사

다카하라 나루미 지음 | 채다인 옮김 | 244쪽 | 13,000원

유럽 식문화의 변천사를 조명한다!
중세 유럽을 중심으로, 음식문화의 변화를
설명한다. 최초의 조리 역사부터 식재료, 예
절, 지역별 선호메뉴까지, 시대상황과 분위기, 사람들의
인식이 어떠한 영향을 끼쳤는지 흥미로운 사실을 다룬다.

No. 21 도해 문장

신노 케이 지음 | 기미정 옮김 | 224쪽 | 13,000원

역사와 문화의 시대적 상징물, 문장!
기나긴 역사 속에서 문장이 어떻게 만들어
졌고, 어떤 도안이 이용되었는지, 발전 과
정과 유럽 역사 속 위인들의 문장이나 특징적인 문장의
인물에 대해 설명한다.

No. 22 도해 게임이론

와타나베 타카히로 지음 | 기미정 옮김 | 232쪽 |
13,000원

이론과 실용 지식을 동시에!
죄수의 딜레마, 도덕적 해이, 제로섬 게임
등 다양한 사례 분석과 알기 쉬운 해설을 통해, 누구나
쉽고 직관적으로 게임이론을 이해하고 현실에 적용할 수
있도록 도와주는 최고의 입문서.

No. 23 도해 단위의 사전

호시다 타다히코 지음 | 문우성 옮김 | 208쪽 | 13,000원

세계를 바라보고, 규정하는 기준이 되는 단위를 풀어보자!

전 세계에서 사용되는 108개 단위의 역사와 사용 방법 등을 해설하는 본격 단위 사전. 정의와 기준, 유래, 측정 대상 등을 명쾌하게 해설한다.

No. 24 도해 켈트 신화

이케가미 료타 지음 | 곽형준 옮김 | 264쪽 | 13,000원

쿠 훌린과 핀 막 쿨의 세계!

켈트 신화의 세계관, 각 설화와 전설의 주요 등장인물들! 이야기에 따라 내용뿐만 아니라 등장인물까지 뒤바뀌는 경우도 있는데, 그런 특별한 사항까지 다루어, 신화의 읽는 재미를 더한다.

No. 25 도해 항공모함

노가미 아키토 외 1인 지음 | 오광웅 옮김 | 240쪽 | 13,000원

군사기술의 결정체, 항공모함 철저 해부!

군사력의 상징이던 거대 전함을 과거의 유물로 전락시킨 항공모함. 각 국가별 발달의 역사와 임무, 영향력에 대한 광범위한 자료를 한눈에 파악할 수 있다.

No. 26 도해 위스키

츠치야 마모루 지음 | 기미정 옮김 | 192쪽 | 13,000원

위스키, 이제는 제대로 알고 마시자!

다양한 음용법과 글라스의 차이, 바 또는 집에서 분위기 있게 마실 수 있는 방법까지, 위스키의 맛을 한층 돋우주는 필수 지식이 가득! 세계적인 위스키 평론가가 전하는 입문서의 결정판.

No. 27 도해 특수부대

오나미 아츠시 지음 | 오광웅 옮김 | 232쪽 | 13,000원

불가능이란 없다! 전장의 스페셜리스트!

특수부대의 탄생 배경, 종류, 규모, 각종 임무, 그들만의 특수한 장비. 어떠한 상황에서도 살아남기 위한 생존 기술까지 모든 것을 보여주는 책. 왜 그들이 스페셜리스트인지 알게 될 것이다.

No. 28 도해 서양화

다나카 쿠미코 지음 | 김상호 옮김 | 160쪽 | 13,000원

서양화의 변천사와 포인트를 한눈에!

르네상스부터 근대까지, 시대를 넘어 사랑받는 명작 84점을 수록, 각 작품들의 배경과 특징, 그림에 담겨있는 비유적 의미와 기법 등, 감상 포인트를 명쾌하게 해설하였으며, 더욱 깊은 이해를 위한 역사와 종교 관련 지식까지 담겨있다.

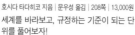

No. 29 도해 갑자기 그림을 잘 그리게 되는 법

나카야마 시게노부지음 | 이연희 옮김 | 204쪽 | 13,000원

멋진 일러스트의 초간단 스킬 공개!

투시도와 원근법만으로, 멋지고 입체적인 일러스트를 그릴 수 있는 방법! 그림에 대한 재능이 없다 생각 말고 읽어보자. 그림이 극적으로 바뀔 것이다.

No. 30 도해 사케

키미지마 사토시 지음 | 기미정 옮김 | 208쪽 | 13,000원

사케를 더욱 즐겁게 마셔 보자!

선택 법, 온도, 명칭, 안주와의 궁합, 분위기 있게 마시는 법 등, 사케의 맛을 한층 더 즐길 수 있는 모든 지식이 담겨 있다. 일본 요리의 거장이 전해주는 사케 입문서의 결정판.

No. 31 도해 흑마술

쿠사노 타쿠미 지음 | 곽형준 옮김 | 224쪽 | 13,000원

역사 속에 실존했던 흑마술을 총망라!

악령의 힘을 빌려 행하는 사악한 흑마술을 총망라한 책. 흑마술의 정의와 발전, 기본 법칙을 상세히 설명한다. 또한 여러 국가에서 행해졌던 흑마술 사건들과 관련 인물들을 소개한다.

No. 32 도해 현대 지상전

모리 모토사다 지음 | 정은택 옮김 | 220쪽 | 13,000원

아프간 이라크! 현대 지상전의 모든 것!!

저자가 직접, 실제 전장에서 활동하는 군인은 물론 민간 군사기업 관계자들과도 폭넓게 교류하면서 얻은 정보들을 아낌없이 공개한 책. 현대전에 투입되는 지상전의 모든 것을 해설한다.

No. 33 도해 건파이트

오나미 아츠시 지음 | 송명규 옮김 | 232쪽 | 13,000원

총격전에서 일어나는 상황을 파헤친다!

영화, 소설, 애니메이션 등에서 볼 수 있는 총격전. 그 장면들은 진짜일까? 실전에서는 총기를 어떻게 다루고, 어디에 몸을 숨겨야 할까. 자동차 추격전에서의 대처법 등 건 액션의 핵심 지식.

No. 34 도해 마술의 역사

쿠사노 타쿠미 지음 | 김진아 옮김 | 224쪽 | 13,000원

마술의 탄생과 발전 과정을 알아보자!

고대에서 현대에 이르기까지 마술은 문화의 발전과 함께 널리 퍼져나갔으며, 다른 마술과 접촉하면서 그 깊이를 더해왔다. 마술의 발생시기와 장소, 변모 등 역사와 개요를 상세히 소개한다.

No. 35 도해 군용 차량
노가미 아키토 지음 | 오광웅 옮김 | 228쪽 | 13,000원

지상의 왕자, 전차부터 현대의 바퀴달린 사역마까지!!

전투의 핵심인 전투 차량부터 눈에 띄지 않는 무대에서 묵묵히 임무를 다하는 각종 지원 차량까지. 각자 맡은 임무에 충실하도록 설계되고 고안된 군용 차량만의 다채로운 세계를 소개한다.

No. 36 도해 첩보·정찰 장비
사카모토 아키라 지음 | 문성호 옮김 | 228쪽 | 13,000원

승리의 열쇠 정보! 정보전의 모든 것!

소음총, 소형 폭탄, 소형 카메라 및 통신기 등 영화에서나 등장할 법한 첩보원들의 특수장비부터 정찰 위성에 이르기까지 첩보 및 정찰 장비들을 400점의 사진과 일러스트로 설명한다.

No. 37 도해 세계의 잠수함
사카모토 아키라 지음 | 류재학 옮김 | 242쪽 | 13,000원

바다를 지배하는 침묵의 자객, 잠수함.

잠수함은 두 번의 세계대전과 냉전기를 거쳐, 최첨단 기술로 최신 무장시스템을 갖추어왔다. 원리와 구조, 승조원의 훈련과 임무, 생활과 전투 방법 등을 사진과 일러스트로 철저히 해부한다.

No. 38 도해 무녀
토키타 유스케 지음 | 송명규 옮김 | 236쪽 | 13,000원

무녀와 샤머니즘에 관한 모든 것!

무녀의 기원부터 시작하여 일본의 신사에서 치르고 있는 각종 의식, 그리고 델포이의 무녀, 한국의 무당을 비롯한 세계의 샤머니즘과 각종 종교를 106가지의 소주제로 분류하여 해설한다!

No. 39 도해 세계의 미사일 로켓 병기
사카모토 아키라 | 유병준·김성훈 옮김 | 240쪽 | 13,000원

ICBM부터 THAAD까지!

현대전의 진정한 주역이라 할 수 있는 미사일. 보병이 휴대하는 대전차 로켓부터 공대공 미사일, 대륙간 탄도탄, 그리고 근래 들어 언론의 주목을 받고 있는 ICBM과 THAAD까지 미사일의 모든 것을 해설한다!

No. 40 독과 약의 세계사
후나야마 신지 지음 | 진정숙 옮김 | 292쪽 | 13,000원

독과 약의 차이란 무엇인가?

화학물질을 어떻게 하면 유용하게 활용할 수 있는가 하는 것은 인류에 있어 중요한 과제 가운데 하나라 할 수 있다. 독과 약의 역사, 그리고 우리 생활과의 관계에 대하여 살펴보도록 하자.

No. 41 영국 메이드의 일상
무라카미 리코 지음 | 조아라 옮김 | 460쪽 | 13,000원

가사 노동자이며 직장 여성의 최대 다수를 차지했던 메이드의 일과 생활을 통해 영국의 다른 면을 살펴본다. 『엠마 빅토리안 가이드』의 저자 무라카미 리코의 빅토리안 시대 안내서.

No. 42 영국 집사의 일상
무라카미 리코 지음 | 기미정 옮김 | 292쪽 | 13,000원

집사, 남성 가사 사용인의 모든 것!

Butler, 즉 집사로 대표되는 남성 상급 사용인. 그들은 어떠한 일을 했으며 어떤 식으로 하루를 보냈을까? 『엠마 빅토리안 가이드』의 저자 무라카미 리코의 빅토리안 시대 안내서 제2탄.

No. 43 중세 유럽의 생활
가와하라 아쓰시 외 1인 지음 | 남지연 옮김 | 260쪽 | 13,000원

새롭게 조명하는 중세 유럽 생활사

철저히 분류되는 중세의 신분. 그 중 「일하는 자」의 일상생활은 어떤 것이었을까? 각종 도판과 사료를 통해, 중세 유럽에 대해 알아보자.

No. 44 세계의 군복
사카모토 아키라 지음 | 진정숙 옮김 | 130쪽 | 13,000원

세계 각국 군복의 어제와 오늘!!

형태와 기능미가 절묘하게 융합된 의복인 군복. 제2차 세계대전에서 현대에 이르기까지, 각국의 전투복과 정복 그리고 각종 장구류와 계급장, 훈장 등, 군복만의 독특한 매력을 느껴보자!

No. 45 세계의 보병장비
사카모토 아키라 지음 | 이상언 옮김 | 234쪽 | 13,000원

현대 보병장비의 모든 것!

군에 있어 가장 기본이 되는 보병! 개인화기, 전투복, 군장, 전투식량, 그리고 미래의 장비까지. 제2차 세계대전 이후 눈부시게 발전한 보병 장비와 현대전에 있어 보병이 지닌 의미에 대하여 살펴보자.

환상 네이밍 사전

신키겐샤 편집부 지음 | 유진원 옮김 | 288쪽 | 14,800원

의미 없는 네이밍은 이제 그만!
운명은 프랑스어로 무엇이라고 할까? 독일어, 일본어로는? 중국어로는? 더 나아가 이탈리아어, 러시아어, 그리스어, 라틴어, 아랍어에 이르기까지. 1,200개 이상의 표제어와 11개국어, 13,000개 이상의 단어를 수록!!

중2병 대사전

노무라 마사타카 지음 | 이재경 옮김 | 200쪽 | 14,800원

이 책을 보는 순간, 당신은 이미 궁금해하고 있다!
사춘기 청소년이 행동할 법한, 손발이 오그라드는 행동이나 사고를 뜻하는 중2병. 서브컬처 작품에 자주 등장하는 중2병의 의미와 기원 등, 102개의 항목에 대해 해설과 칼럼을 곁들여 알기 쉽게 설명한다.

크툴루 신화 대사전

고토 카츠 외 1인 지음 | 곽형준 옮김 | 192쪽 | 13,000원

신화의 또 다른 매력, 무한한 가능성!
H.P. 러브크래프트를 중심으로 여러 작가들의 설정이 거대한 세계관으로 자리잡은 크툴루 신화. 현대 서브 컬처에 지대한 영향을 끼치고 있다. 대중 문화 속에 알게 모르게 자리 잡은 크툴루 신화의 요소를 설명하는 본격 해설서.

문양박물관

H. 돌메치 지음 | 이지은 옮김 | 160쪽 | 8,000원

세계 문양과 장식의 정수를 담다!
19세기 독일에서 출간된 H.돌메치의 『장식의 보고』를 바탕으로 제작된 책이다. 세계 각지의 문양 장식을 소개한 이 책은 이론보다 실용에 초점을 맞춘 입문서. 화려하고 아름다운 전 세계의 문양을 수록한 실용적인 자료집으로 손꼽힌다.

고대 로마군 무기·방어구·전술 대전

노무라 마사타카 외 3인 지음 | 기미정 옮김 | 224쪽 | 13,000원

위대한 정복자, 고대 로마군의 모든 것!
부대의 편성부터 전술, 장비 등, 고대 최강의 군대라 할 수 있는 로마군이 어떤 집단이었는지 상세하게 분석하는 해설서. 압도적인 군사력으로 세계를 석권한 로마 제국. 그 힘의 전모를 철저하게 검증한다.

중세 유럽의 무술, 속 중세 유럽의 무술

오사다 류타 지음 | 남유리 옮김 | 각 권 672쪽~624쪽 | 각 권 29,000원

본격 중세 유럽 무술 소개서!
막연하게만 떠오르는 중세 유럽~르네상스 시대에 활약했던 검술과 격투술의 모든 것을 담은 책. 영화 등에서만 접할 수 있었던 유럽 중세시대 무술의 기본이념과 자세, 방어, 보법부터, 시대를 풍미한 각종 무술까지, 일러스트를 통해 알기 쉽게 설명한다.

도감 무기 갑옷 투구

이치카와 사다하루 외 3인 지음 | 남지연 옮김 | 448쪽 | 29,000원

역사를 망라한 궁극의 군장도감!
고대로부터 무기는 당시 최신 기술의 정수와 함께 철학과 문화, 신념이 어우러져 완성되었다. 이 책은 그러한 무기들의 기능, 원리, 목적 등과 더불어 그 기원과 발전 양상 등을 그림과 표를 통해 알기 쉽게 설명하고 있다. 역사상 실재한 무기와 갑옷, 투구들을 통사적으로 살펴보자!

최신 군용 총기 사전

토코이 마사미 지음 | 오광용 옮김 | 564쪽 | 45,000원

세계 각국의 현용 군용 총기를 총망라!
주로 군용으로 개발되었거나 군대 또는 경찰의 대테러부대처럼 중무장한 조직에 배치되어 사용되고 있는 소화기가 중점적으로 수록되어 있으며, 이외에도 각 제작사에서 국제 군수시장에 수출할 목적으로 개발, 시제품만이 소수 제작되었던 총기류도 함께 실려 있다.

초패미컴, 초초패미컴

타네 키요시 외 2인 지음 | 문성호 외 1인 옮김 | 각 권 360, 296쪽 | 각 14,800원

게임은 아직도 패미컴을 넘지 못했다!
패미컴 탄생 30주년을 기념하여, 1983년 『동키콩』부터 시작하여, 1994년 『타카하시 명인의 모험도 IV』까지 총 100여 개의 작품에 대한 리뷰를 담은 영구 소장판. 패미컴과 함께했던 아련한 추억을 간직하고 있는 모든 이들을 위한 책이다.

초쿠소게 1,2

타네 키요시 외 2인 지음 | 문성호 옮김 |
각 권 224, 300쪽 | 각 권 14,800원

망작 게임들의 숨겨진 매력을 재조명!

『쿠소게クソゲー』란 '똥-クソ'과 '게임-Game'의
합성어로, 어감 그대로 정말 못 만들고 재미
없는 게임을 지칭할 때 사용되는 조어이다.
우리말로 바꾸면 망작 게임 정도가 될 것이
다. 레트로 게임에서부터 플레이스테이션3
까지 게이머들의 기대를 보란듯이 저버렸던 수많은 쿠소
게들을 총망라하였다.

초에로게, 초에로게 하드코어

타네 키요시 외 2인 지음 | 이은수 옮김 |
각 권 276쪽, 280쪽 | 각 권 14,800원

명작 18금 게임 총출동!

에로게란 '에로-エロ'와 '게임-Game'의 합성어
로, 말 그대로 성적인 표현이 담긴 게임을 지
칭한다. '에로게 헌터라 자처하는 베테랑 저자
들의 엄격한 심사(?!)를 통해 선정된 '명작 에
로게'들에 대한 본격 리뷰집!!

세계의 전투식량을 먹어보다

키쿠즈키 토시유키 지음 | 오광웅 옮김 | 144쪽 |
13,000원

전투식량에 관련된 궁금증을 이 한권으로
해결!

전투식량이 전장에서 자리를 잡아가는 과정과, 미국의
독립전쟁부터 시작하여 역사 속 여러 전쟁의 전투식량
배급 양상을 살펴보는 책. 식품부터 식기까지, 수많은 전
쟁 속에서 전투식량이 어떠한 모습으로 등장하였고 병사
들은 이를 어떻게 취식하였는지, 흥미진진한 역사를 소
개하고 있다.

서양 건축의 역사

사토 다쓰키 지음 | 조민경 옮김 | 264쪽 | 14,000원

서양 건축사의 결정판 가이드 북!

건축의 역사를 살펴보는 것은 당시 사람들
의 의식을 들여다보는 것과도 같다. 이 책
은 고대에서 중세, 르네상스기로 넘어오며 탄생한 다양
한 양식들을 당시의 사회, 문화, 기후, 토질 등을 바탕으
로 해설하고 있다.

세계의 건축

코우다 미노루 외 1인 지음 | 조민경 옮김 | 256쪽 |
14,000원

고품격 건축 일러스트 자료집!

시대를 망라하여, 건축물의 외관 및 내부의
장식을 정밀한 일러스트로 소개한다. 흔히 보이는 풍경
이나 딱딱한 도시의 건축물이 아닌, 고풍스러운 건물들
을 섬세하고 세밀한 선화로 표현하여 만화, 일러스트 자
료에 최적화된 형태로 수록하고 있다

지중해가 낳은 천재 건축가
-안토니오 가우디

이리에 마사유키 지음 | 김진아 옮김 | 232쪽 | 14,000원

천재 건축가 가우디의 인생, 그리고 작품

19세기 말~20세기 초의 카탈루냐 지역 및 그의 작품들
이 지어진 바르셀로나의 지역사, 그리고 카사 바트요, 구
엘 공원, 사그라다 파밀리아 성당 등의 작품들을 통해 안
토니오 가우디의 생애를 본격적으로 살펴본다.

세계장식도 I, II

오귀스트 라시네 지음 | 이지은 옮김 | 각 권 160쪽 |
각 권 8,000원

공예 미술계 불후의 명작을 농축한 한 권!

19세기 프랑스에서 가장 유명한 디자이너
였던 오귀스트 라시네의 대표 저서 「세계장
식 도집성」에서 인상적인 부분을 뽑아내 콤
팩트하게 정리한 다이제스트판. 공예 미술
의 각 분야를 포괄하는 내용을 담은 책으로,
방대한 예시를 더욱 정교하게 소개한다.

민족의상 1,2

오귀스트 라시네 지음 | 이지은 옮김 |
각 권 160쪽 | 각 권 8,000원

화려하고 기품 있는 색감!!

디자이너 오귀스트 라시네의 『복식사』 전 6
권 중에서 민족의상을 다룬 부분을 바탕으
로 제작되었다. 당대에 정점에 올랐던 석판
인쇄 기술로 완성되어, 시대가 흘렀음에도
그 세세하고 풍부하고 아름다운 색감이 주
는 감동은 여전히 빛을 발한다.

중세 유럽의 복장
오귀스트 라시네 지음 | 이지은 옮김 | 160쪽 | 8,000원
고품격 유럽 민족의상 자료집!!
19세기 프랑스의 유명한 디자이너 오귀스트 라시네가 직접 당시의 민족의상을 그린 자료집. 유럽 각지에서 사람들이 실제로 입었던 민족의상의 모습을 그대로 풍부하게 수록하였다. 각 나라의 특색과 문화가 담겨 있는 민족의상을 감상할 수 있다.

그림과 사진으로 풀어보는 **이상한 나라의 앨리스**
구와바라 시게오 지음 | 조민경 옮김 | 248쪽 | 14,000원
매혹적인 원더랜드의 논리를 완전 해설!
산업 혁명을 통한 눈부신 문명의 발전과 그 그늘. 도덕주의와 엄숙주의, 위선과 허영이 병존하던 빅토리아 시대는 「원더랜드」의 탄생과 그 배경으로 어떻게 작용했을까? 순진 무구한 소녀 앨리스가 우연히 발을 들인 기묘한 세상의 완전 가이드북!!

그림과 사진으로 풀어보는 **알프스 소녀 하이디**
지바 가오리 외 1인 지음 | 남지연 옮김 | 224쪽 | 14,000원
하이디를 통해 살펴보는 19세기 유럽사!
「하이디」라는 작품을 통해 19세기 말의 스위스를 알아본다. 또한 원작자 슈피리의 생애를 교차시켜 『하이디』의 세계를 깊이 파고든다. 『하이디』를 읽을 사람은 물론, 작품을 보다 깊이 감상하고 싶은 사람에게 있어 좋은 안내서가 되어줄 것이다.

영국 귀족의 생활
다나카 료조 지음 | 김상호 옮김 | 192쪽 | 14,000원
영국 귀족의 우아한 삶을 조명한다
현대에도 귀족제도가 남아있는 영국. 귀족이 영국 사회에서 어떠한 의미를 가지고 또 기능하는지, 상세한 설명과 사진자료를 통해 귀족 특유의 화려함과 고상함의 이면에 자리 잡은 책임과 무게, 귀족의 삶 깊숙한 곳까지 스며든 '노블레스 오블리주'의 진정한 의미를 알아보자.

요리 도감
오치 도요코 지음 | 김세원 옮김 | 384쪽 | 18,000원
요리는 힘! 삶의 저력을 키워보자!!
이 책은 부모가 자식에게 조곤조곤 알려주는 요리 조언집이다. 처음에는 요리가 서툴고 다소 귀찮게 느껴질지 모르지만, 약간의 요령과 습관만 익히면 스스로 요리를 완성한다는 보람과 매력, 그리고 요리라는 삶의 지혜에 눈을 뜨게 될 것이다.

사육 재배 도감
아라사와 시게오 지음 | 김민영 옮김 | 384쪽 | 18,000원
동물과 식물을 스스로 키워보자!
생명을 돌보는 것은 결코 쉬운 일이 아니다. 꾸준히 손이 가고, 인내심과 동시에 책임감을 요구하기 때문이다. 그럴 때 이 책과 함께 한다면 어떨까? 살아있는 생명과 함께하며 성숙해진 마음은 그 무엇과도 바꿀 수 없는 보물로 남을 것이다.

식물은 대단하다
다나카 오사무 지음 | 남지연 옮김 | 228쪽 | 9,800원
우리 주변의 식물들이 지닌 놀라운 힘!
오랜 세월에 걸쳐 거목을 말려 죽이는 교살자 무화과나무, 딱지를 만들어 몸을 지키는 바나나 등 식물이 자신을 보호하는 아이디어, 환경에 적응하여 살아가기 위한 구조의 대단함을 해설한다. 동물은 흉내 낼 수 없는 식물의 경이로운 능력을 알아보자.

그림과 사진으로 풀어보는 **마녀의 약초상자**
니시무라 유코 지음 | 김상호 옮김 | 220쪽 | 13,000원
「약초」라는 키워드로 마녀를 추적하다!
정체를 알 수 없는 약물을 제조하거나 저주와 마술을 사용했다고 알려진 「마녀」란 과연 어떤 존재였을까? 그들이 제조해온 마법약의 재료와 제조법, 마녀들이 특히 많이 사용했던 여러 종의 약초와 그에 얽힌 이야기들을 통해 마녀의 비밀을 알아보자.

초콜릿 세계사-근대 유럽에서 완성된 갈색의 보석
다케다 나오코 지음 | 이지은 옮김 | 240쪽 | 13,000원
신비의 약이 연인 사이의 선물로 자리 잡기까지의 역사!
원산지에서 「신의 음료」라고 불렸던 카카오. 유럽 탐험가들에 의해 서구 세계에 알려진 이래, 19세기에 이르러 오늘날의 형태와 같은 초콜릿이 탄생했다. 전 세계로 널리 퍼질 수 있던 사회적 배경부터 초콜릿의 맛의 비밀까지, 초콜릿을 둘러싼 흥미진진한 역사를 살펴보자.

초콜릿어 사전
Dolcerica 가가와 리카코 지음 | 이지은 옮김 | 260쪽 | 13,000원
사랑스러운 일러스트로 보는 초콜릿의 매력!
나른해지는 오후, 기력 보충 또는 기분 전환 삼아 한 조각 먹게 되는 초콜릿. 『초콜릿어 사전』은 초콜릿의 역사와 종류, 제조법 등 기본 정보와 관련 용어 그리고 그 해설을 유머러스하면서도 사랑스러운 일러스트와 함께 싣고 있는 그림 사전이다.

판타지세계 용어사전

고타니 마리 감수 | 전홍식 옮김 | 248쪽 | 18,000원

판타지의 세계를 즐기는 가이드북!

온갖 신비로 가득한 판타지의 세계. 『판타지 세계 용어사전』은 판타지의 세계에 대한 이해를 돕고 보다 깊이 즐길 수 있도록, 세계 각국의 신화, 전설, 역사적 사건 속의 용어들을 뽑아 해설하고 있으며, 한국어판 특전으로 역자가 엄선한 한국 판타지 용어 해설집을 수록하고 있다.

세계사 만물사전

헤이본사 편집부 지음 | 남지연 옮김 | 444쪽 | 25,000원

우리 주변의 교통 수단을 시작으로, 의복, 각종 악기와 음악, 문자, 농업, 신화, 건축물과 유적 등, 고대부터 제2차 세계대전 종전 이후까지의 각종 사물 약 3000점의 유래와 그 역사를 상세한 그림으로 해설한다.

해적의 세계사

초판 1쇄 인쇄 2018년 7월 10일
초판 1쇄 발행 2018년 7월 15일

저자 : 모모이 지로
번역 : 김효진

펴낸이 : 이동섭
편집 : 이민규, 서찬웅
디자인 : 조세연, 백승주, 김현승
영업·마케팅 : 송정환
e-BOOK : 홍인표, 김영빈, 유재학, 최정수
관리 : 이윤미

㈜에이케이커뮤니케이션즈
등록 1996년 7월 9일(제302-1996-00026호)
주소 : 04002 서울 마포구 동교로 17안길 28, 2층
TEL : 02-702-7963~5 FAX : 02-702-7988
http://www.amusementkorea.co.kr

ISBN 979-11-274-1609-6 03900

"KAIZOKU NO SEKAISHI" by Jiro Momoi
Copyright © 2017 Jiro Momoi
All rights reserved.
First published in Japan in 2017 by Chuokoron-Shinsha, Inc.

This Korean edition is published by arrangement with Chuokoron-Shinsha, Inc., Tokyo
In care of Tuttle-Mori Agency, Inc., Tokyo.

이 책의 한국어판 저작권은 일본 CHUOKORON-SHINSHA와의 독점계약으로
㈜에이케이커뮤니케이션즈에 있습니다.
저작권법에 의해 한국 내에서 보호를 받는 저작물이므로 무단전재와 무단복제를 금합니다.

이 도서의 국립중앙도서관 출판예정도서목록(CIP)은
서지정보유통지원시스템 홈페이지(http://seoji.nl.go.kr)와
국가자료공동목록시스템(http://www.nl.go.kr/kolisnet)에서 이용하실 수 있습니다.
(CIP제어번호: CIP2018019684)

*잘못된 책은 구입한 곳에서 무료로 바꿔드립니다.